JIA YOU BO SHI

家有博士

张春柏◎著

安徽师范大学出版社
ANHUI NORMAL UNIVERSITY PRESS
·芜湖·

图书在版编目(CIP)数据

家有博士 / 张春柏著. — 芜湖 : 安徽师范大学出版社, 2020.11
ISBN 978-7-5676-4692-6

Ⅰ. ①家… Ⅱ. ①张… Ⅲ. ①儿童教育—家庭教育 Ⅳ. ①G782
中国版本图书馆CIP数据核字(2020)第200539号

家有博士

JIA YOU BOSHI

张春柏◎著

责任编辑: 胡志立
责任校对: 胡志恒
装帧设计: 张　玲
责任印制: 桑国磊
出版发行: 安徽师范大学出版社
芜湖市九华南路189号安徽师范大学花津校区
网　　址: http://www.ahnupress.com/
发 行 部: 0553-3883578　5910327　5910310(传真)
印　　刷: 安徽芜湖新华印务有限责任公司
版　　次: 2020年11月第1版
印　　次: 2020年11月第1次印刷
规　　格: 700 mm × 1000 mm　1/16
印　　张: 10.75
字　　数: 145千字
书　　号: ISBN 978-7-5676-4692-6
定　　价: 39.80元

谨以此书献给

陪伴孩子成长中迷茫的老师和家长

以及正在成长中的孩子们。

自　序

孩子是父母生命的延续，孩子的成功是父母莫大的期望。二十几年前我也和很多家长一样，没有任何经验甚至还没有做好当父亲的准备，就成为了一个父亲，一路的陪伴，遇到了很多问题也收获了很多成功与快乐。在生活中我遇到很多年轻的家长，他们也和我当年一样因为孩子的教育而纠结，在家庭教育的荒地上独自前行。他们遇到的问题很多是我当年遇到过的，有的问题我处理得还算可以，有些处理得很失败，幸好我的孩子没有因为我的浅薄而被耽误太多，如今已是在读博士。它山之石可以攻玉，我把我的一些做法和想法整理出来，写下了这本《家有博士》，这里的文章有的是我最近的反思，有的是当年的随笔，希望年轻的家长们能从我和孩子成长历程的记录中得到启发，也希望年轻的学生们能从中获得一些学习的启发。

人生只有一次，孩子的童年也只有一次。回忆是重新成长的过程，是快乐的也是痛苦的，我的思绪回到了过去，一幕幕尘封的往事被重新唤起，遗落在记忆深处的珍珠一颗颗被拾起串成了美丽的项链。曾经发生的每一件事似乎都不重要，每一件事又似乎很重要，生活中一件件不经意的小事都可能对孩子产生正面或负面的影响。时间过得如此快，儿子的孩提时代仿佛就在昨天，不知不觉中孩子已长大了，《家有博士》让我又和孩子成长了一次。世界上没有两片完全一样的树叶，每一个人都很普通又与众不同，每一个人都是一件艺术品，每一个人都有自己的使命。我们来到这个世界上既要看一场精彩的演出，我们也要有精彩的表演。

家庭是孩子的第一所学校，父母是孩子的启蒙老师和人生导师。家庭教育是教育孩子的起点和基点，良好的家庭教育是造就孩子成才的必要条件，良好的家庭教育是优化孩子心灵的催化剂，家庭教育的好坏将直接影响孩子的一生！孩子需要学习，家长更加需要学习，懂得学习才懂得如何进步，我们不能以忙为借口忽视了对孩子的教育，因为我们要对孩子的未来负责。

生活和学习中存在着偶然，一件件偶然的小事组成了人生的必然。人生只有一次，不能重来，我们没有纠错的机会。每一个生命都是不平凡的，我们初为父母时曾经为新生命的到来而欣喜，为我们所创造的生命之完美而惊叹。孩子总要长大，曾经离开你就哇哇大哭的小孩子，不经意间已长成了棒小伙子，曾经让你又气又恼的刺头现在懂得哄你开心。没有人限制我们成长，人人都能成功，如果我们的孩子懂得感恩，认可自己有一技之长，宽容他人并能适应社会，能为国家和社会做出贡献，能享受工作快乐生活，那他就是一个成功的人，我们的教育就是成功的。作为家长不能要求太高，也不能放任不管。让孩子成为好孩子的前提是我们做一个好家长，让彼此的人生都没有遗憾。

世上没有一套教育方法可以适合所有孩子，科学的研究方法一定是控制无关变量，在一定条件下寻找自变量与因变量的变化关系。适合的才是最好的，家长要了解自己的孩子才能够因材施教。孩子的成长倾注着父母的心血，倾注了教师的智慧。我们希望孩子遇到好的老师，孩子更希望能遇到好的父母，好的老师和好的父母都不是天生的，都需要学习提升。教育没有那么高深，不需要家长的文化有多高但要热爱学习；家长要培养孩子从小对知识文化的敬重和对教师的尊重。教育是无形的，就在生活的点点滴滴中。让我们和孩子一同学习一同成长，成为合格的家长，给孩子一个好的学习环境。家庭教育要从家长能静下心来读书开始，家长读书才会带动孩子静下心来读书，如果您还没有开始，那从现在开始，从读《家有博士》开始吧。

个人的知识水平有限，个例也不足以有推广价值，每个孩子在成长中遇到的问题也不完全一样，如果我的作品能够引起家长的一点思考，我将感到无上荣幸。在此我要感谢妻子为我和孩子的辛勤付出，她是我最忠实的读者，给予了我巨大的精神鼓励和时间支持！感谢孩子的所有老师为孩子的辛苦付出！感谢曾经支持帮助过我们的所有人！感谢孩子让我们体会到做家长的成功与快乐！

Contents

目　录

第一章　新生的孩子与新生的父母

中华民族的优秀文化是通过一代代优秀的中华儿女传承下来的，每一个家族的优秀基因通过一代代人不断传递下来，每一个人都有自己的历史使命，每一个新生命都被父母长辈寄予厚望。随着新生儿的呱呱坠地，父母们怀着最美好的愿景，开始了一段望子成龙的旅途。

1.孩子名字的由来——一鸣和奕铭

姓名是中华文化的传承之一，它是人们以血脉传承为根基的社会人文标识。好的姓名能增加能量气场，激励上进，使人奋发图强力争上游，为事业成功助一臂之力。从这个意义上来说，好的姓名，总是以最简练的语言来表达最深刻的意境。通常孩子还没有出生，准父母就早早开始琢磨给孩子取名字的事了，如果父母感觉自己起的名字不够响亮大气，往往会找身边有文化的人帮助起个好名字。中国人普遍向往美好，憧憬未来，自己没有实现的、不能完成的愿望希望下一代完成，自己不甘平庸便希望孩子生来与众不同，于是名字就成了憧憬的载体。现代社会中有专门的起名公司，这些公司专门给孩子或公司取名字。父母们花了钱，听专家讲一讲那听起来就很不一般的名字，了解一下个中深意，心中便有了慰藉。

我儿子的名字在他还没有出生之前就取好了，不管是男孩还是女孩，都叫张一鸣，我希望我的孩子能够不同凡响一鸣惊人。“一鸣惊人”出自司马迁《史记·滑稽列传》中有关战国齐威王的故事，淳于髡曰：“国中有大鸟，止王之庭，三年不飞又不鸣，王不知此鸟何也？”王曰：“此鸟不飞则已，一飞冲天；不鸣则已，一鸣惊人。”我儿子出生后，几乎不怎么哭，临床有一个小女孩一直哭个不停，一鸣突然大哭，临床的小姑娘就不哭了，我心中想到这不正是不鸣则已，一鸣惊人吗？于是在派出所给孩子落户口时毫不犹豫地写下了“张一鸣”的名字。当年没有网络，现在起名喜欢独特的，喜欢重复少的，张一鸣这个名字重名的很多，甚至一鸣实验室的同学也有一个叫张一鸣的，老师只好分别叫大张一鸣和小张一鸣来区分。

一鸣十八岁时上了大学，一位对中国传统文化颇有研究的朋友在一鸣考上大学之后送给他“奕铭”两个字。朋友的解释是，奕有积累、重复、光明的含义，表达某种情绪增强和姣美，例如用神采奕奕来形容人的精神饱满面部有光彩。奕，大也，上半部分为“亠”意为出头早和有职位，再往下为“办”字形，意为做事有能力，有人帮。要注意的是要有脑筋才行，最下面是“大”字，意为把上面“亦”的能量又加大了一部分。“铭”是一种刻在器物上用来警戒自己、称述功德的文字。本意为刻写或题写的格言，牢记不忘。用作人名指才华横溢、杰出之义。寓指博闻强记、远见卓识、出类拔萃。铭字取自成语“铭记于心”。在人名中提醒孩子要有所牢记，勿忘初心。喻指胸怀大志之人，需要铭记志向，铭记历史，担当起为国争光的责任感和使命感。奕与铭字搭配与“一鸣惊人”的成语当中的“一鸣”有着相似之处，意为才华横溢、聪明伶俐。朋友也说孩子上了大学，按《大学》开篇："大学之道，在明明德，在亲民，在止于至善。"大学的宗旨在于弘扬光明正大的品德，希望孩子能做成事更能做成好事，为国家和社会作出贡献。于是在我们家微信和QQ联系时我们称呼孩子为"奕铭"，本书中也不例外。

2. 火车道边

我和妻子是大学同学，都是家里的老大。父母在农村需要照顾兄弟姐妹，没有能力帮助我们。刚结婚时条件很差，我俩在火车道附近租了一个小房子。房子只有二十五平方米，距离火车道只有十几米，当火车经过的时候我们家的土炕都会颤抖。不过对于两个从农村来的人来说有了自己的"家"仍然感觉很幸福。我们在出租屋住了整整三年，奕铭就是在火车道边的出租屋里出生的。

当时年轻没有感觉，现在想想还真是不容易，东北的冬天很冷，冬天要买煤、搭炉子、封窗户，寒假我们回老家看父母回来暖气就冻了，因为窗户关闭得比较严实，曾经有一次火炉子返烟还把奕铭熏晕了。在奕铭出生后不久，远方的舅妈来看孩子，看到我们住在这样的房子里非常担心，担心火车经过时的震动会对孩子的健康产生影响，但所幸并没有。火车的轰鸣取代了音乐来作为奕铭的胎教，奕铭对火车刺耳的鸣笛声是免疫的，即使睡觉的时候火车经过对他也没有影响，这也许就是人的适应能力吧！

周围的邻居都心地善良，对我们两个年轻人十分照顾，我们生活中缺少什么都可以到邻居家去取，彼此之间相处得十分融洽，奕铭也得到了邻居老人们的很多照顾。我俩工作忙，邻居张奶奶便帮我们看孩子；哺乳期妈妈回来送奶不及时，邻居奶奶就先给孩子喂点水；后来张奶奶的孙女需要照看，奕铭又被送到后院邻居梁姥姥家，梁姥姥待奕铭和自己的亲孙子一样好……这一切对于我来说恍如昨日，但奕铭那时很小，只怕不记得了。

虽然生活条件艰苦了些，但我们无疑是快乐的，孩子盼着爸爸妈妈下班回家，我们也盼着下班，因为家里有一份沉甸甸暖融融的等待。夏日傍晚是我们一家人最幸福的时光，跨过火车道，我们一家三口到对面的铁路林场玩，那里有很多花与树。那时我们一起看火车，火车经过的时候我们向车厢里的人挥手，车厢里的人也向我们挥手。回到家里，我们围着17寸的黑白电视一起看中央一台的《大风车》。房子大不大、是不是租来的对于孩子来说没有关系，那时没有什么玩具，但奕铭每天只要吃饱就不闹，每天最需要的是妈妈的怀抱，只要爸爸妈妈在身边，他就岁月静好，最喜欢坐在爸爸的脖子上，很高但很安全，因为爸爸是他小小世界的巨人。

在出租屋住了三年以后，我们贷款买了楼房，条件也不断改善，我们有了自己家的书房和二手电脑。奕铭也在不断长大，他的需要也发生了改变，从怀抱和牵手，变成了理解和尊重。三口人共同经历了从一无所有到有房有车，家里的每一个物件都附带着一份过去时光的美好回忆。

如今很多年轻人不要孩子的理由是不能给孩子最好的，但多好算是最好的？大房子、汽车是成年人的追求。小孩子需要的并不是物质上的满足，而是精神的陪伴。我们做人父母，需要愿意多花时间去陪孩子，愿意让自己的生命更完整，愿意和孩子再成长一次。

现在的很多孩子在物质上什么都不缺，但精神上缺少父母用心的陪伴。每年都有孩子自杀的新闻，在这个和平的时代，他们结束生命的原因很少是因为物质的匮乏，而很多是缺乏一个倾诉郁结的渠道。父母所需要做的很简单也很难，那就是陪伴。当我们为了家庭当下的幸福而忙于各种应酬时，请别忘了，还有一个决定家庭未来幸福的儿童更需要我们去认真对待！人们常常说：改变不了环境可以改变心情，但现实中容易改变的是环境，不易改变的反而是心情；物质条件的提高并不代表精神世界的充实；父母都想给孩子最好的一切，但孩子最需要的却是能陪伴在他身边的爸爸和妈妈。

3. 龙与虫

年轻的父母们往往对自己孩子寄予很高的期望，望子成龙望女成凤，如果孩子已经是小圈子里的龙凤了，当发现外面一山还比一山高，又期望孩子能成为龙中第一、凤中翘楚。常言说，希望越大失望也越大，很多家长在陪伴孩子过程中，随着孩子年龄的增长，对孩子的期望值在成比例的下降。孩子刚出生时，期望孩子能保送清华、北大；上了高中时，期望考个好找工作的专业；再到大学毕业季，家长看着"米虫""家里蹲"的报道开始心存忧虑……骨感现实狠狠甩了丰满理想一个耳光。

中国人崇拜龙，腾飞在九霄的龙代指皇帝或非常人。与龙对应的是虫，虫各有不同但大都匍匐在泥土上，和常人差不多。我们很少有愿承认自己和孩子是虫的，因为平凡的虫子容易被翱翔的鸟吃掉。一次电视台采访童话大王郑渊洁，据郑渊洁讲，他在读小学时，老师出了一个作文题《早起的鸟儿有虫吃》，其他同学都能按照老师的思路去写，但郑渊洁却反其道而行，写了一篇《早起的虫儿被鸟吃》，可想而知，这篇文章受到了老师的批评，老师甚至认为郑渊洁脑子有问题，可就是这个被老师认为有问题的学生，却成了日后的童话大王。他曾说，他的思维方式是受了他母亲的影响。他的母亲在他小时候总爱讲一个故事：山上发大水了，山里的动物都准备逃亡，在他们面前，出现了两条路。一条是宽敞平坦的大桥，另一条是独木桥，动物们纷纷奔向宽敞的大桥，而山羊却选择了独木桥，结果由于大桥上的动物太多，在过桥的时候桥被挤断了，大水冲走了桥上的动物们，唯独山羊，虽然缓慢但它安全地渡过了那条河。

老师想告诉同学们的是，我们要像鸟一样早起并要勤奋才会有收获，可是世界上除了鸟还有虫子，鸟的目标不等于虫子的目标，父母应该考虑实际情况，而非贸然去敦促孩子追随大流。在看似笔直灿烂的大道上，那么多同行和更有能力的孩子中，你确定你的子女能够安稳抵达终点吗？理智的父母要更全面地去思考，扬长避短，科学地选择路的起点。世界上没有完全相同的两片树叶，更没有完全相同的两个人，在成功的旅途上，从没有放之四海而皆准的真理。大千世界三百六十行，行行出状元，没有小演员只有小角色，我们需要知己，知道自己想要的到底是什么；也要知彼，了解这条路上的其他参赛选手。虫子和龙的旅途虽然都是孩子自己的人生，但家长在孩子的成长过程中也要不断学习充实自己，作为引路人更需要成为榜样。人们都说高考是人生最公平也是最不公平的一场战斗，爱它的一视同仁，恨它的呆板木然。目前，国家课程改革和高考改革正在不断深入，国家越来越重视差异化教育，已经不再一张试卷定终生，我们的孩子可以在更多的选择中开启这一段龙虫之旅。天生是龙那就去努力腾云驾雾呼风唤雨，天生是虫那就去像蜜蜂一样酿蜜、像春蚕一样吐丝，但请记住，不论旅途怎样，学习都是所有人前行的利器。

第二章　开始学习的孩子与父母

学习是一辈子的事，孩子需要学习，家长也需要学习。对家长而言，孩子与我们是不同时代的人，如果家长不能通过学习来提升自己，往往就会因跟不上孩子成长的步伐而难以解决面对的问题。通过学习来有所准备地面对家庭教育工作，能够避免在孩子教育过程中因沟通、态度等细节而造成的亲子关系障碍，可以为一个和谐的家庭氛围奠定基础。对孩子而言，学习的开始无疑等同于起跑线，提前站在起跑线上热身，顺便感受风向、阳光固然是件好事；但在起跑线外，放松一下心态、系一下自己的鞋带也许是更好的选择——毕竟学习是场几十年的马拉松，而不是十几秒的百米跑。

1.入学前的大哭

很多孩子在刚入学时都会哭喊着爸爸妈妈而想要离开那个陌生的校园，奕铭也不例外。他刚满月的时候就被送到邻居家照顾，那时也没少哭闹但大抵是渴了饿了之类的小事。在他两周岁时，我把他送到隔了两条街的邻居家，邻居是一个胖墩墩的女人，家门口竖着一块用红色油漆写着“幼儿园”三个字的木牌，与其说这是一所没有资质的幼儿园，倒不如说是邻居大姐帮着我们照看孩子。奕铭真正意义上的读幼儿园，应当是他四岁时被送到的退休小学教师赵老师家。记得那时，他拽着我的衣角大哭，急于上班的我狠狠心留下他就走了，那天上午我始终想着孩子的哭声，心神不宁，于是中午匆忙赶到赵老师家隔窗去看他，没想到他和小朋友们玩得兴高采烈，根本没注意到窗外的爸爸。

我的两个侄子佳梁和雪松第一次上学也是我送的，这俩孩子是在农村由爷爷奶奶一手带大的，当年佳梁五周岁雪松六周岁，为了接受更好的教育，孩子父母决定把他们两个送到城里读学前班，爷爷奶奶陪读，以便将来在城里接受更好的教育。那时我和两位老人连哄带吓地把孩子们送到了学校，两位老人刚要离开，这俩孩子便哭得声嘶力竭，弄得老人手足无措；不得已我让两位老人躲起来，比较强硬地直接把两个孩子送到班级，于是佳梁不哭了，雪松还在哭，又过了一会儿看没人搭理，雪松也就不哭了。两位老人躲在树后依依不舍地看着自己的孙子，但还是被我劝着离开了学校，因为我知道，以这两个孩子对爷爷奶奶的依赖性，一旦见到了就会又来一场哭闹。

孩子的哭闹是正常的，孩子第一次离开家离开父母心理上难免产生陌生感和恐惧感，对于孩子产生恐惧感大人有不可推卸的责任。孩子第一次打针一般要等到针扎到皮肤以后感觉疼痛才会哭起来，而第二次只要一进医院就开始哭闹，再后来以至于看到穿白大褂的都会产生抵触。尤其是平时大人在孩子不听话时和孩子说：“不听话就叫医生给你打针。”等生病真正需要医生帮助的时候，孩子往往就很难配合。与之类似，如果家长总是对孩子说：“再不听爸爸妈妈的话，就让你们老师好好管教你。”试想，这样的话会在孩子心里种下什么印象呢——

老师很可怕，学校多么恐怖啊！这会导致孩子更不想去学校！也有的孩子上学前，被家长尤其是一手带大孩子的爷爷奶奶，过于娇惯，吃饭时追着喂，睡觉时抱着哄。待把孩子送到学校之后，家长忧心不止，在家中寝食难安，总担心宝贝受委屈、挨欺负，生怕孩子到了学校不习惯。于是对孩子千叮咛万嘱咐，无意中给孩子灌输了恐惧情绪，造成孩子对学校的排斥（被人欺负怎么办?）。家长的焦虑情绪会感染孩子，让孩子感觉紧张。这种哭闹不仅仅发生在入学第一天，父母家长的溺爱甚至会导致有的小孩子经过假期休息之后，在开学时仍然哭闹。归根结底是家长和孩子的准备都不充分，上学前家长没有教会孩子如何与小朋友相处，如何自行解决例如上厕所、系鞋带等问题，家长应当引导孩子明白自己的事情自己做，不要因孩子太慢或觉得孩子做得不好而让孩子错过难得的锻炼机会。要知道，动物妈妈们都明白要趁自己还能捕猎的时候，教会孩子如何自力更生呢！将孩子交给老师后应尽快离开，不要在门口徘徊，要知道老师会照顾好孩子的。即使出现哭闹现象，家长也不要过于担心，因为随着对校园环境、老师和同学的熟悉，孩子会逐步爱上新的大集体，不必过于焦虑。孩子的适应能力很强，放不下的反而是家长。对于已经入园或入学的孩子，家长要帮助孩子回忆在幼儿园的快乐生活，对孩子在学校的细微进步给予鼓励和肯定，增强孩子自信。家长要告诉孩子，老师和妈妈一样是爱你的，相信老师，有困难找老师。家长应当懂得在教育问题上老师是专业的，要多与老师沟通，回家后也要继续配合老师的工作，多鼓励孩子，只有家长和老师通力合作，才能让孩子尽快适应新的环境。

2. 不要急于开始学习

奕铭不到三周岁，我们搬家了，离开了出租屋住进了楼房，房子面积不大但却是一个完全属于我们的小窝。居住地点的改变使我们要重新给奕铭找个白天玩的地方，毕竟我们都要工作。附近没有合适的幼儿园，不过对面楼住着一位小学退休的赵老师，正巧同事的孩子也在她家。据同事讲，赵老师做了三十年的教师，非常有办法能让孩子喜欢，而且中午孩子可以在赵老师家吃午饭，那里的午餐很干净也很营养。听了同事的介绍，我很快就把奕铭送过去了，他成了赵老师最小的一个学生。

奕铭在赵老师家有一段时间了，有一天我问孩子："儿子，愿意去赵老师家吗?"。

"不愿意，没意思，不好玩。"

"为什么呀?"我忙追问了一句。

于是孩子便开始跟我讲，赵老师家的学生们多数是学龄前的，有的马上就要上小学了，按照赢在起跑线上的思维，赵老师带着他们提前学习小学一年级的课程。奕铭也和其他小朋友一起学习诸如拼音、加减法、简单的汉字等知识，赵老师要求很严格，写错了要重写，奕铭自然也不例外。我明白赵老师想让孩子们多学些知识，提前适应小学学习生活的想法，她希望这些孩子将来上小学的时候能跟上进度甚至名列前茅。可是奕铭还要有三年多的时间才能上小学呢，难道三年都要学习这些吗?如果还没上学他就已经对学习产生了厌烦情绪，那么他今后的学习生活怎么过?于是我找到赵老师说明了我的想法，作为家长我们不会对老师教孩子多少知识有要求，孩子愿意学就跟着学点，不愿意学就多玩一玩，只要孩子愿意在您这里就可以了。面对我们这样的家长，赵老师便降低了对奕铭的要求，孩子在赵老师家快快乐乐地玩了两年，按照规定在五周岁的时候去了小学学前班。

虽然赵老师说她对我的想法很理解，但后来她和我的同事聊天时说，很多家长都要求老师多教点，让孩子多学点，像我这样的家长比较少见。我不知道她是在表扬我还是在批评我，但奕铭一直对学习有兴趣，小学的生活也称得上可圈可点。我在中学当老师发现很多孩子成绩不好的原因，不是学不会而是根本就对学习没有丝毫兴趣、不愿意学习，完不成作业也不是其他什么原因而是根本就不想写。有人说成年后遇到的困扰，在童年时就已埋下了种子，我周围人的经历让我对此深以为然。学习是一个漫长的过程，一生我们都要学习，经历上和体力上再怎么充分的准备，早晚也会损失殆尽，比起提前的积累，更重要的是兴趣与爱好，孩子应该有自己的想法而不是耗费大量的时间用于重复书写上，或为了完成任务而应付了事。我喜欢读书，不是因为别人的强迫也不存在功利想法，只是单纯的爱好；我喜欢打球，明知道自己不可能成为运动员，只是有这样的兴趣。爱好读书的，成不了院士也能思想深邃；对运动感兴趣的，当不了运动员也能强身健体。兴趣和爱好产生了动力，才能帮助孩子主动克服困难，走得更远。

德国是世界上出科学家比例非常高的国家，据说占世界人口1%多点的德国人，获得诺贝尔奖的比例却超过了50%。德国有法律规定，禁止设立先修学校、禁止学前教育、禁止对孩子过早开发智力，避免将孩子大脑变成硬盘，留给孩子大脑更多的想象空间。他们认为孩子在小学前的“唯一任务”就是快乐成长。在德国，幼儿园的孩子不允许学习专业知识，上小学的孩子不能学习额外的课程，哪怕这个孩子的智商超过同龄人。孩子智力被过度开发并不是一件好事情，过多死记硬背的知识会使孩子的大脑生锈，长期让孩子的大脑面对一些用不到也不感兴趣的知识，会扼杀他们主动思考的能力。

百米跑需要研究起跑，尽量缩短反应时间，但人生是长跑，没必要急匆匆地忙着抢跑。早期教育是孩子学习的开端，是成长的重要阶段，会直接影响孩子的一生。如果急功近利、拔苗助长，那将贻害无穷。我一直认为自己的孩子就是一个普通孩子，不是神童也不是超人，作为家长需要尊重成长规律，陪着孩子慢慢长大，拒绝揠苗助长。

卢梭的教育观点告诉我们："在万物的秩序中，人类有它的地位；在人生的秩序中，童年有它的地位，即应把成人当作成人，把孩子当作孩子。"不能因为我们的短视，误把人生的长跑视为短跑；不能因为我们的无知，错把孩子看成学习的机器；更不能因为我们的功利，剥夺孩子最宝贵的童年。我们应当与孩子一起体验学习的快乐，而不是把孩子当成家长攀比的工具，热爱学习的孩子，什么时候开始都不晚，成绩也不会差。

3. 学习画画

我们家没有人从事与美术有关的工作，我二弟小时候很喜欢写写画画，但那时家里比较困难，没有条件找老师专门学习，只能自己涂涂抹抹，算是业余爱好吧！公司出板报的时候，二弟偶尔在公司板报上露一手，经常引来同事们的称赞，如果二弟赶上现在这个年代，找个专业老师好好学习一下，想来考个美术学院应当不成问题。

奕铭的成长环境显然是他二叔无法比拟的，我家楼上住着一位中学美术老师——王老师，我们相处得非常好。王老师性格随和，很喜欢奕铭，是真正的喜欢而不是因为大人才装样子的那种，孩子自然也很喜欢她，有事没事就跑到楼上去找他王姨，王姨就教孩子画一些比较简单的图画，虽然偶尔弄得满手满脸都是颜料，但却特别高兴。说实话当时我们只认为孩子去玩了，连画笔和纸都是楼上王姨提供的，后来奕铭的第一套画笔是他刚刚参加工作的二叔送的，这是二叔对奕铭的鼓励，也可能是希望奕铭能实现他小时候没实现的梦想。虽然孩子的王姨认为孩子很有天赋，并且把他的一幅作品送去参加书画大赛并获得了国家级一等奖，但我们从来没有想过奕铭将来从事美术工作，孩子喜欢就由着他吧。后来奕铭断断续续地画了一年多，最终由于功课的压力比较大没有继续学习，而和他一起学画的小朋友清文则坚持到最后并且考上了艺术学院。

虽然奕铭没有从事与美术有关的工作，但学习画画带来的收获很多，对他的学习帮助也很大。在学校组织的设计手抄报比赛中他多次获奖，对孩子的激励作用非常大。小时候画过立体素描，等到高中数学课学习立体几何的时候，空间感就明显要好一些，对一些辅助线的理解也更深刻一些。物理、化学都有画图题，尤其是生物课显微镜下作图更需要有点美术功底。在孩子的艺术世界，一棵树上可以开很多种花，小猫可以直立行走和人一样，有思想可以沟通，他们热爱生活、热爱自然、感受美好。

生活的美好需要用心体验。小时候学点美术能萌发儿童的美感，培养儿童的创造力和表现力。小孩子的学习都是从模仿开始的，在学习画画的过程中，孩子通过认真观察完成了从模仿到创造性学习的过程。画画能让孩子接触到不同的画笔、颜料、纸等各种各样的工具材料，孩子们能利用这些有限的材料制作出完全属于自己的艺术作品。画画过程中孩子需要研究不同的观察方法，并对不同的事物进行有目的的观察与描述都需要独立思考。通过这样长期的思考，儿童就可以越来越完整、越来越细致地观察身边的事物，孩子的感觉就会越来越敏感，孩子的感知能力越来越强，就会越来越聪明。在画画的过程中需要集中精力、专心致志，时间久了，自然可以养成良好的生活和学习习惯。能集中精力安静地完成一件作品，这是一种宝贵的品质。

4.你教过吗？

刚出蛋壳的小鸡一定会跟着鸡妈妈，一旦掉队便会因失去了安全感而大声呼叫直到找到鸡妈妈为止。孩子在小时候也是一样，有父母在身边就感觉是安全的，孩子充满着对父母的依赖。

小孩子受父母的影响非常大，中国的家长喜欢听话的孩子，听话也就成了中国好孩子的标配。家长在比较孩子的时候经常会说谁家的孩子比较听话，似乎听话和成功是同样的概念。家长必须知道，随着孩子的成长，他开始尝试自己去独立完成一件事情，并因为完成了而兴奋。孩子不会永远听话的，听话的孩子长不大。

小学三年级的孩子开始学习四则混合运算了，一天奕铭在做作业，我在一边看书，我有意无意地向孩子的作业本上瞄一眼，发现他对四则运算的运算顺序没有搞懂，计算结果是错误的。

我问：“儿子，你的计算过程对吗？”

“对呀”，他回答得毫不犹豫。

“可是我感觉好像不对呢？”

他辩驳了一下：“爸爸，你教过数学吗？我们老师就是这样教的。”

说实话，孩子说得没错，我作为一名高中教师只是学过还真没教过四则运算，要想教还真没机会，只能是奕铭给机会了，但人家似乎不想给我这个机会。我知道不可能是老师的教学出现问题，一定是这小子上课开了小差，既然人家不服气，咱也别讨没趣，一道题而已不必大惊小怪的，我就没再说什么，既然不服气就等着挨老师的批评吧。

第二天放学我问他：“奕铭，昨天的作业怎么样啊？得满分了吗？”。

“没有，做错了。”

“是老师讲错了吧？”我追问了一句。

“不是，我没听明白。”他显得老实了很多。

我并没有把这个话题继续下去，因为我看到他已经把作业上的错误改正过来了，这就足够了。很多时候家长过于敏感，容易对孩子的错误揪住不放，甚至通过给孩子纠错来借机提升自己的威信，这并不可取。孩子不再迷信家长和老师，正说明孩子的独立意识正在形成。孩子正在长大，成长中自然会犯错，所以要允许孩子犯错和纠错。有人说，年轻人没有失败，大不了从头再来！何况是小孩子呢？如果成功了，我们需要总结经验；失败了，我们收获了教训，在一个人的成长中，经验和教训同等重要。但错误终究是错误，第二天我一定是要问一问的，昨天的题老师批了吗？对了吗？会了吗？再看孩子的作业，相关的问题得到了很好的解决，已经没有问题了，我也就不需要多说什么了。错误的做法是当发现了孩子的错误之后进行讽刺挖苦，“你上课听什么了，一定是没注意听讲！”等无心之言使孩子恐惧而不愿意和家长交流，当然也不能漠视不管，孩子出现了问题一定要及时解决。

人不可能永远成功，小时候的错误会受到老师的批评，孩子要学会为自己的错误负责。家长在孩子需要帮助时给予帮助，但孩子要长大时，我们应当放开双手，给予孩子时间和空间；给孩子需要的，而不是给孩子我们认为孩子需要的。遇到事情了，让孩子自己去尝试解决，培养孩子的独立行动能力和思考能力，让孩子成长为一个勇于担当有责任感的人。

第三章　教育即生活

教育指向未来，教育的目的是帮助他人更好的生活。教育始终是融入于日常生活中的，就比如“三人行，必有我师焉”的孔子，也许那三人中没有什么专业的老师，但他们生活中的优缺点却潜移默化地教育了孔子。人类早期文明时代的教育是为了求生，通过掌握一技之长来养家糊口；而21世纪的教育是为了生活质量，人们开始“仓廪足而知礼仪”，人们渴望活得更加精彩。所谓“生活无小事，处处是教育”，在成长过程中生活的点滴都是教育，都会给孩子带来一定的影响。

1.午饭的教育

奕铭小的时候，我们这里的幼儿园几乎都是个人办的。为了更好地适应小学生活，教育局规定上小学一年级之前要上一年的学前班，学前班就在小学校园内，由学校统一管理。孩子在学前班完成幼儿园阶段向小学阶段的过渡，学前班一年不再以玩为主，在增加很多学习内容的同时，也帮助了孩子熟悉校园环境，熟悉老师和同学，学前班的同学将来基本都是小学的同学。奕铭在五周岁时进入第十小学的学前班，开始了准小学的学习生活。

学校有个小食堂，用于满足孩子午餐的需求，我在孩子报到的当天，交齐了包括一个月伙食费在内的所有费用。第一天放学把孩子接回来的路上，奕铭边走边喊饿，一问才知道奕铭中午到食堂的时间稍晚了些，食堂已经没有吃的了。要知道，五六岁的孩子正是长身体的时候，多少人家的爷爷奶奶追着孩子喂，生怕少吃了一口，一般父母平时再忙再累，也不可能落下一顿饭不给孩子吃，我当时也有些心疼孩子。一般情况下，类似的问题一旦发生就一定会有家长找到学校，质问老师和食堂管理者：我已经交钱了，为什么没有让我的孩子吃上午饭？孩子第一天上学不熟悉环境为什么没有老师带领孩子吃饭？孩子那么小，老师的责任心在哪里……这么多年在学校工作，我见过很多家长因为各种事找到学校，他们有的有理，也有的是无理取闹，更有甚者家长在讨要说法的时候语言粗俗，毫不顾及对孩子的影响，孩子在家长的影响下将来也很容易变得一样，遇到事情不全面考虑而是一味推诿，不负责任。在食堂就餐这个问题上，还有的家长虽然在食堂交了钱，但又告诉孩子如果食堂伙食不好就到外面吃，有的小朋友要么吃泡面，要么把小食品当饭吃，既不营养也不健康，时间长了就会影响孩子的身体健康，养成不良的生活习惯。既然在外面吃习惯了，味觉的标准变了，必然会出现挑食现象，而饮食习惯的混乱则导致孩子更加不喜欢学校食堂的饭菜。为了孩子健康着想，作为家长对此要高度重视，不能因为一次学校的小小失误而影响孩子在学校的正常就餐。

遇到问题不回避，如果是我们错了就改正，如果是别人错了告诉别人，给别人改正的机会。孩子的心量有时比大人更大，奕铭倒是无所谓，我们聊完之后就决定明天让奕铭自己去找食堂阿姨解决问题。

于是，奕铭第二天自己找到阿姨说："阿姨，我昨天没有吃上饭，我妈妈让我告诉您一声。"

阿姨十分抱歉地说："对不起啊，昨天疏忽了。"

后来，食堂阿姨还通过老师找到了奕铭妈妈的电话，表示了歉意。孩子饿一顿是饿不坏的，没必要大惊小怪，这之后我们和食堂阿姨还成了很好的朋友，奕铭也很喜欢食堂的阿姨和饭菜。

人生有很多的第一次，做父母的我们也要开始接触一个又一个第一次的问题。孩子的校园生活中会遇到许多的第一次问题需要他们去独立解决，在孩子的能力范围内由孩子来解决，这是对孩子独立生活能力的锻炼，在解决问题中能让孩子学会善待和理解他人，与人和谐相处。《大学》中有一句话："心诚求之，虽不中，不远矣，未有学养子，而后嫁者也。"翻译成现代文就是：如果用心真诚，虽然不能够完全做到合乎目标，但是也相差不会很远，从来没有听说过哪个女人先要学会生儿育女，然后再出嫁的。这句话里的"女人"很多事情过去没学过但都会，为什么？正是因为她自己心诚求之，她爱自己的儿女，所以她就能够做到谨慎细心、无微不至，所以她也能够养得好、教得好。人只要付出真心，做事情没有做不好的，即使不能够完全圆满，差一点但是决计不会相差很远。

2. 农村的教育(一)

我和妻子都是农村长大的，对黑土地有着深厚的感情，无论何时都深深怀念着那一段乡村时光。

农村的生活简单而有趣，农忙时节人们自觉结成互助小组，亲属自觉组织起来挨家挨户进行播种，农忙时节大家都忙，不用谁告诉，该下地的下地、该做饭的做饭，大家都能找到自己的活。丰年的时候，入了冬大体是农民最幸福的时光，秋收结束了，家家有了余粮，卖掉粮食手里有了闲钱，给女人和孩子买上新衣服便开始准备过年。年前惯例是要杀猪的，养了一年的猪已经够大了，东北的室外又正好是个天然的大冰箱，很快就把猪肉冻住了，杀了猪把猪肉留下，准备过年。杀猪后是一定要请亲戚邻里来聚一聚的，一大锅由酸菜和白肉、血肠组合而成的杀猪菜冒着热气，大家团团围坐在暖烘烘的屋子里，一个个嗓门比赛似的大。男子把着酒盅天南地北侃大山，女人在灶台忙活着，忙活完了也要喝上几口，脸喝得红扑扑的，话匣子也就打开了，没什么不能说的：天南海北、前五百年后五百年、神话故事、民间轶事、家国天下。拿起酒杯就有了操不完的心，争得面红耳赤。等到酒喝足了，天塌下来也不管了，各自找个地方鼾声如雷。

不杀猪仍然热闹，傍晚时分一群人就像商量好了似的聚集到一家来，坐在炕沿边上，东家长李家短，把本村最近发生的故事从头至尾温习一遍，最近邻居家谁回来了坐几点的车，谁今天进城买了什么都是大家的话题，没有新的话题就把刚才说过的重新再讲一遍，无论是讲的还是听的仍然感觉饶有趣味。好客的人家在厨房炒出一大锅瓜子，大家边吃瓜子边聊天，北方人的嗓门本来就高，农村人尤其高，哈哈哈的笑声在大街上都能听得到，引得邻居抓紧干完手头的活计也来凑热闹。磕完的瓜子皮铺满地，走在上面咿呀作响。

在奕铭小的时候我们两个忙于工作，有一段时间把奕铭送到农村姥姥家。二十年前城里的计划生育政策很严，但农村有的人家仍然有两个孩子，奕铭在农村有很多的小伙伴。奕铭回到农村是绝对的主角，就像当年鲁迅回到了周庄，大家都让着他，他有从城里带来的玩具，知道的故事也多，又喜欢说故事，一群同龄的孩子喜欢围在他身边听他讲故事，邻居家的小姑娘早早起来头不梳脸没洗就来等他。小表舅只比他大一岁，手巧得很，什么农活都会干，尤其擅长做玩具，几个树枝木棍在小表舅的手里都能鼓捣成为玩具送给奕铭。下棋是奕铭喜欢的，虽然小表舅处处让着他，可是下起棋来，奕铭一点也不含糊，仔细思考每一步，绝不轻易输掉一局，小表舅则无所谓输赢，下棋落子很快，他是只要玩就好，只要人多热闹就行。

农村睡得早，起得也早，大人和孩子没有睡懒觉的习惯，等到吃早饭的时候孩子已经在外面跑一大圈了，饿透了，吃饭的人又比较多，吃起来也格外香，不像城里很多爷爷奶奶追着孩子喂。奕铭在农村待了一个月，我和妻子终于忙完工作，回农村姥姥家去接他，没想到他竟不在家。出去找了找，发现奕铭正在邻居的大墙上骑着墙头给周围一群小孩讲故事，脸上也有了农村孩子特有的粗糙，皮肤变黑了也壮实了很多。奕铭在农村待了一段时间，自然也发生了许多新的故事，种地的时候六岁的他和姥姥姥爷忙着播种，大人把种子埋在土里，奕铭回到屋里找到两个鸡蛋，也埋在土里，被姥姥发现后，他反而振振有词地说要种鸡蛋。

回想起来，这些都已经是十几年前的事情了，现在农村的人口越来越少，年轻人进城务工，在城里买房子成了城市的一员，农村只剩下留守的老人，空房子比比皆是。如果有人要租房子，根本不用租金，房主还会很感激你，因为北方的冬天极其寒冷，房子不怕住怕空着，你租房相当于在帮他看房子。过去的一段时间，孩子还是由老人在村子里带着，现如今的孩子也基本都进城上学了，村里的儿童越来越少，于是村小学合并到镇里，初中和小学合并成九年一贯制学校，或者初中和高中合并成完全高中。

如今孩子的姥姥姥爷被我们接到城里来住，大家都很少回农村了，奕铭更是忙着自己的事儿几年都没有回去过，但农村的生活无论对于我们还是奕铭来说都是重要的，它让孩子的人生更加充实。农村的生活是一笔财富，孩子真正懂得了《悯农》，知道了为什么嘲笑“何不食肉糜?”他们开始热爱生命，热爱大自然，亲近泥土。有人说不玩泥土的孩子没有童年，无疑，奕铭的童年是丰富多彩的。他在小学五年级的一篇文章《家乡的大沟》写的就是姥姥家门前的鱼塘。下面是这篇文章的分享。

家乡的大沟

第十小学　五年级　张一鸣

在我小时候，妈妈经常在周六带我去姥姥家。那时候只要走进那个村庄，就有一种亲切的感觉，真是诗情画意美不胜收，恍然间好像进入了世外桃源一般。

春天悄悄来临，此时正是杨柳吐绿、百花争春的大好季节。江水也悄悄融化了，渔民们撒上鱼苗并悉心照料着；再送那些越冬的大鱼一些饲料就回去种地了，我们在旁边打水漂或瞎凑热闹。春天就这么亲切。

夏天我们这群调皮鬼三一帮俩一伙的去钓鱼，我学他们的样子，一本正经的钓，一拽，哈！蛮大的吗！不过鱼的力气也比较大，我俩真是两只公鸡打架——谁也不让。不大一会我的脸上如同凤凰头上戴牡丹——锦上添花。脸上左一道右一道好似一只大花猫，可还是没拉上来。他们告诉我，你先溜鱼跑一段，它没劲了你再拉。真的，我猛地一下，哈！鱼钓上来了！渐渐的，我们玩累了就下去游泳、打水仗，真有趣。夏天就是这么快乐！

秋天我们可敬可爱的渔民伯伯们丰收了，只要把网撒上去，哈，鱼儿马上就被俘虏了。老爷爷哈哈大笑，眉头上的皱纹也舒展了，真是笑一笑十年少。无忧无虑的秋天让我们送走了，秋天就是这么迷人。

冬天大沟已冰冻三尺，成了集溜冰、滑雪、打雪仗、堆雪人多种功能于一身的游乐场所。看那头，激烈的雪仗已经开始了，王岐、李强领导的大军已厮杀起来了，一开局王岐就得到了主战权把李强压得抬不起头来；可慢慢的，王岐的军队“弹药”奇缺，而李强的队伍一度扭转败局。我领导的小组冲了上去，他们还以为我是自己人呢，没想到，他们刚一过来，我大喝一声：“你们的死期到了！”说时迟，那时快，雪团如同暴雨一般骤然来到，他们且战且退，我们斗得难解难分，各个如同蛟龙入海、猛虎下山杀得天昏地暗、日月无光。这时双方发起总攻，各个破釜沉舟、背水一战，甚至开始了白刃战，打得人眼睛都花了，不分敌我乱打一气。夜幕降临我们只有恋恋不舍的结束了这场龙虎斗，冬天就是这么刺激！

大沟，你给我的童年撒上了一道金光；你给我的记忆项链添上了一颗明珠。你比不上长城高大，比不上故宫典雅，更比不上龙塔高耸，但你是我心中真正的第一！

（指导教师：马莉）

3. 农村的教育（二）

虽然我们这一代人经过努力考上大学离开了农村，扎根在城市，但我始终认为农村生活对一个人的影响是十分重要的，尤其是现在城市里的孩子如果有机会去农村生活，哪怕是几天也是很有意义的。

小时候我们没有电玩但仍然很快乐，一根线绳、几棵杏核在我们手里都能玩出好多花样。小伙伴们一起去池塘摸鱼，现在的孩子很难想象我们是如何在看不见鱼的情况下徒手把鱼捉到的，然后用一根草棍把几条小鱼穿起来，拿回家让妈妈做鱼酱，那鱼酱的滋味甭提多好吃了。冬天下雪之后，我们兄妹几个在地上撒一些小米，然后把家里的箩筐用木棍支起来，木棍系上绳子我们躲在远处，耐心等待着麻雀来啄食小米，等到麻雀进入到箩筐下面时，我们把绳子一拉，麻雀基本上就成了我们的猎物。一块泥巴在我们的手中可以成为小动物也可以成为汽车，我们没有手机也没有电脑，只有满院子的疯跑打闹，既锻炼了身体也结下了友谊，我们是善于合作的一代。

奕铭小时候只要有时间我一定要带着他回农村住上几天，虽住惯了软床而不习惯硬炕，不过没有关系，很快就能适应。奕铭是我们一家三口中最快乐的，他在农村可以四处乱跑而不像在城市家里那样受到各种约束。夜晚窗外的蛙鸣像催眠曲一样，鸡鸣犬吠都不会影响我们酣然入睡。农村的生活虽然相对单调乏味，但能让生活的节奏慢下来，人与大自然的距离更近了，只有到了农村我们才能真正地看一看蓝天、听一听鸟鸣、闻一闻花香，远离城市的喧嚣，让心灵得到洗涤，灵魂得到净化。

忘记了城市的喧嚣，心也能放松下来，不再弄什么偷得浮生半日闲的把戏，“闲暇出智慧”，大抵符合这一境况，因为此时我们只需要专注做一件事情，正因专注心无旁骛才能做好这件事。小学一年级奕铭在农村姥姥家的一个寒假竟然把赵本山的小品几乎全部背诵下来，还能给我们表演得惟妙惟肖。

在孩子成长的道路上，父母都希望自己的孩子身心健康、快乐成长。然而在高楼林立的城市里，孩子们习惯了各种人造设施、电子产品，忽略了城市之外的大自然，失去了很多的快乐和天真！儿童的成长需要实实在在的感受和体验，在大自然的美妙画卷中，孩子收获的不仅仅是体力的锻炼与知识的积累，更多的是通过大自然的怀抱，去感知与培养丰富的精神世界和美好的心灵！走进农村和农村的亲友在一起，在不一样的生活中，学习他们对生活的热爱，学习他们对美好生活的向往。

人们常把教育比作农业，于是有了“十年树木，百年树人”“揠苗助长”等人们时常谈论的成语。基于这个观点，我们应该像种树、种庄稼一样，疏松土壤，兴修水利，让根系得到自然发展。教育的目的就是要让人茁壮成长，主动在知识的海洋中汲取养分。农业离不开农村，农村离不开土地，有机会的家长们一定要带孩子到农村去，不是旅游而是生活一阵子——哪怕是几天也好。农村的生活可以让孩子认识院子里的鸡鸭和菜园子里的茄子、黄瓜，分清五谷杂粮；可以让孩子和农村的叔伯们一起栽花种树，体验生命的神奇和伟大；可以让孩子知道，知识不只是书本的文字符号还是生活本身。放下书包、走进农村，让孩子真正成为孩子而非学习的奴隶，因为“大自然希望儿童在成人以前，就要像儿童的样子。如果我们打乱了这个秩序，我们就会造成一些早熟的果实，他们长的既不丰满也不甜美，而且很快就会腐烂。”（卢梭）

4. 干农活

我们这一代人虽没有上一代人生活得那么艰辛，但也干过一些农活。我上小学的时候学校还有校田地，由老师带着学生负责播种和收获，我在读初中的时候，学校组织学生到生产队帮助农民忙秋收。后来农村实行分田到户，我的休息日就必须帮助父母播种、收割。农活是非常累人的，尤其是收割水稻的时候，要一直猫着腰挥舞镰刀，最后累得腰都直不起来了，年纪不大的我们手被庄稼划伤也是常有的事，记忆中比较严重的一次是我读小学的妹妹不小心用镰刀把自己的腿划出一个口子，当年我们因为穷而很少上医院，都是用土办法简单处理一下就完了，现在想想真有些后怕。

我的老家在松花江下游，那里家家种水稻，收割水稻的时候一人一块地，大家只顾自己劳动，谁也不和谁说话。我年纪小干活慢，如果有家里人帮助自己会十分感激，也会因为感觉不好意思而尽量加快挥舞镰刀的速度。等到我读高中以后，干活的速度几乎可以和其他人一样了，有时还可以帮助别人，那时感觉到了自己的成长，心情十分舒畅。当劳动结束，看到自己参加收获的一袋袋粮食，内心的喜悦溢于言表。从小我就知道粮食来之不易，对“谁知盘中餐，粒粒皆辛苦”的理解也很深刻，也正因为在想逃避农村超负荷劳动这种朴实的原因驱动下，我在中学读书时比较用功，希望能够通过书中的“千钟粟”“黄金屋”改变面朝黄土背朝天的生活。

由于农村已经实现了机械化操作，现在的农民比父辈们清闲得不是一点半点。一家一个孩子，长辈们怕孩子累着，很少有让孩子下地干活的。如果说农村的孩子对农活一无所知，那这句话也许听起来可笑但实际上并不过分，尤其是很小就送到城里读书的孩子，他们根本分不清苗还是草，有的连自己家的地在哪里都不知道。

“十一黄金周”正是东北农村收获庄稼的季节，我带着奕铭和两个侄子去农村弟弟家帮忙收玉米，弟弟知道我们不会干活特意为我们准备了手套等防护用具，我们才干了一个多小时就已经累得不行了。由于我很久没有干农活，而孩子们根本就没干过农活，我和孩子们的效率都很低，玉米收得很不干净。当我们离开后，弟弟需要二次重新检查一遍，但他仍然给予了孩子们高度评价和积极表扬。孩子们白天干过农活之后的晚饭，吃得特别香，饭碗里一个米粒都不剩。晚饭结束后，在我的引导下奕铭给两个表弟讲了一个故事：有一年发生饥荒，百姓没有粮食吃，只有挖草根、吃树皮，许多百姓因此活活饿死。消息被迅速报到了皇宫中，晋惠帝坐在高高的皇座上听完了大臣的奏报后大为不解。“善良”的晋惠帝很想为他的子民做点事情，于是冥思苦想后终于想出了一个“解决方案”，他说:“百姓无粟米充饥，何不食肉糜?”（老百姓肚子饿没米饭吃，为什么不去吃肉粥呢?）孩子们在笑声中懂得了粮食的珍贵，体验到了劳动的快乐和辛苦，体会到了农民的艰辛，也知道了实践出真知的道理。这些是从书本中很难切身去体会的，我想在孩子们回到学校后，这一定会激励他们珍惜时间，更好地去学习。

奕铭读硕士研究生的时候有一次实验室搬家由他负责，他雇了一辆三轮车，人家要五十块钱，他就给人家五十。事后我问他：“你怎么不还价啊？”他回答我：“爸爸，活不少，人家只要了五十块钱，怎么还好意思少给人家。”他能体会到他人工作的不容易，没有看不起为我们服务的人，我由衷地为孩子感到高兴。搬家落下一块铁板，他自己顶着风扛回来，他付出了辛苦而不抱怨。正是因为他经历过农村劳动，心中清楚地知道，我们如今所付出的劳动和那些重体力劳动者比较起来实在是太清闲了。

很多家长抱怨自己的孩子好吃懒做不懂事，父母在家里啃咸菜，上大学的孩子却为了睡个懒觉错过饭点时叫外卖；大学生食堂的浪费现象比比皆是；有些孩子参加工作后眼高手低，大事干不来小事又不屑于做，不愿意付出却想得到丰厚的回报。殊不知这一切的来源是家庭教育中孩子缺少劳动教育。家长挂在嘴边的“如果你不好好学习，长大以后只能去扫马路。”怎么能让自己的孩子爱上劳动？家长过于娇惯孩子，什么事情都替孩子包办，结果孩子认为劳动都是大人的事情，从而失去了劳动的锻炼机会也没有劳动的本事。

如今国家提出了劳动教育，中华民族是热爱劳动的民族，正是劳动创造了我们上下五千年灿烂的历史和文化，创造了中华民族的传统美德。劳动使人高尚，是我们生存于世界的最为神圣的活动，是每一个现代人必备的基本素质和行为习惯。如果有机会一定要带孩子去农村走一走，体验一下农村的劳动生活，对于孩子的成长十分重要。苏霍姆林斯基认为：劳动不仅使人“心地正直”，而且能使人“身强力壮”。劳动后的孩子吃得香睡得也踏实，劳动能锻炼孩子的筋骨，在劳动中无形也增多了运动量，锻炼了肺活量，这对孩子的健康成长是很有帮助的。劳动教育能让我们的孩子在劳动中体验到辛苦，体会到家长的不易，学会关心家长，养成节俭的好习惯。他们珍惜劳动成果，独立精神与责任心都会增强，动手能力自然也会跟着提高。孩子在劳动中可以感受到劳动与自己、与他人的关系，感受到劳动的辛苦，从而学会尊重别人的劳动，并有助于孩子保持对劳动的热情，从而真正爱上劳动。在劳动上获得过成功的孩子，做起其他事情也会更加自信。

5. 补习的教育

前几天我的朋友立辉打听奕铭最近的学习情况，和我说起有一年冬天在路上遇到奕铭自己找补课班的事儿，让他印象特别深刻。我仔细想了想，终于想起来了，那是发生在奕铭上初一寒假时候的事。

东北的寒假在我理解就是让师生们避寒的，正午时候也要零下二十多度，多站一会就会浑身冻透。我在读书的时候晚上睡觉冻脑袋，外屋的水缸上总有一层冰，由于保暖不好，每到冬天手脚都要冻坏，到了春天天气转暖以后就是钻心的痒，“三九、四九打骂不走”，寒假正好赶上三九、四九。现在条件好了，家家有暖气，室外温度零下二十多度，室内却是零上二十多度，室内外温差高达四五十度，冬季的雪花落在地上，化了又结冰，被踩实后简直就是理论上存在的零摩擦力，冷风刮起来吹在脸上像刀子割过一样的疼。寒假里没事谁也不会出去的，立辉遇到奕铭时，就是这样的一个早上。立辉看到奕铭小脸冻得红扑扑的就问：“你干什么去呀，奕铭？”奕铭只顾顶着寒风走路，听到有人叫他才抬起头：“哦，王叔。我期末外语成绩不大理想，想去找个外语补习班。”

事情的经过是这样的，前一天的晚饭后我们一家人在一起聊天，不知不觉中谈到了奕铭的期末成绩，我们都感觉到奕铭的英语在各学科的横向比较中不占优势，有很大的提升空间（其实就是没考好的美称），因为将来考研考博英语都很重要，所以我们一致认为英语是必须要学好的。奕铭和所有的同龄孩子一样，小学的时候也学英语，但大家都不重视，考试成绩也不计入期末考试总分。中学不一样了，中考是120分，如果不能达到百分以上，考重点高中基本没有希望。既然我们都认为英语学习成绩很重要，那怎么提高成绩呢？我和妈妈都注视着奕铭，奕铭也看着我俩，奕铭说："我听说我同学有找老师补课的，我也找个老师，利用假期好好学习一下吧。"说实话，找个英语老师对于我们两个人来说很容易，我们的同事业务能力都很强，无论找到谁都会尽心尽力帮助孩子的，但轻易得到的东西往往不珍惜，我希望让奕铭自己来解决问题；我想听听他的想法，当然他如果求我帮助，我也一定会给他建议的。后来的事情立辉并不知道，奕铭在离家不远的小区找到了一位退休在家的英语教师，老人发挥余热帮助孩子学习，经过一个假期的学习，奕铭的英语进步很大，在后来的学习中一直名列前茅。

现如今的大环境下，几乎没有孩子不参加各种补课班的。起码我周围很多孩子都在上补习班，大多数都是家长给报的。我认为在找补习班之前一定要和孩子商量，让孩子自己拿主意，而不是家长主观决定不经孩子同意就找老师。有些孩子还好，从补习班中学到了知识，有些孩子根本就不愿意学习，家长把孩子送去之后，孩子也不好好学习，成绩一直上不来，浪费了金钱和时间，家长干着急却没办法。我们一直提倡提高孩子学习的主动性和积极性，变"要我学"为"我要学"，怎么做却很少有人说。父母总是想要给孩子最好的，比如要上最好的学校、接受最好的教育，孩子没有考上好学校，家长比孩子还着急，家长往往很自责，认为是自己做得不够多——我反而认为是有时家长做得太多了。孩子的成长只有一次，我们以爱为名为孩子做了过多的事情，使得孩子无事可做，本来是孩子应该经受的风雨被我们挡住了，孩子经受不到，我们无意之间剥夺了孩子成长的权利。在我小时候，我记忆中的父母只管我们吃饭，如果我想不念了，父母只会告诉我："你想好了就行。"读书是我自己的选择，所以我必须要坚持走下去。

要让孩子学会选择，并对自己的选择负责。孩子即使选择错了还有改正的机会，而将来参加工作后，很多错误的选择就很少有改正的机会了，要让我们的孩子在有选择机会的时候掌握提高具有选择的能力。

6. 电视的教育

在奕铭小的时候手机还不像现在这样普及，对他影响最大的应该是电视了。我的一个朋友为了避免孩子看电视影响学习，家里的电视直接就收起来了，一家人几年不看电视，可见为了孩子，家长真是不容易。

我们家的电视从没收起来过，晚上三口人最快乐的时光就是在一起看电视了，我们家看电视并不是只有孩子一人掌控遥控器，在不同的时间段有不同的内容，但首先我们都要把自己的手头工作完成了才行。我们都没有追剧的习惯，中央电视台的大风车节目是要看的，新闻联播也是要看的，我们陪着奕铭看动画片，奕铭陪我们看新闻联播。

奕铭从动画片中学到了很多知识，《蓝猫淘气三千问》《海尔兄弟》等既有故事性又有知识性，都是很不错的动画片。三口人在一起聊动画片是比较温馨的画面。我一直认为朋友的做法过于极端了，鲧治水是粗暴的用堤埂把居住区围护起来，以阻碍洪水，然九年不得尽全功，最后被放逐羽山而死。鲧的儿子——禹总结父亲的治水经验，改鲧的"围堵障"为"疏顺导滞"，就是利用水自高向低流的自然趋势，顺地形把壅塞的川流疏通，把洪水引入疏通的河道、洼地或湖泊，然后合通四海，从而平息了水患，使百姓得以从高地迁回平川居住和从事农业生产。禹因此为历史上第一个奴隶制王朝——夏朝奠定了基础，并被人们称为“大禹”而传颂于后世。同理，想让孩子接受你，你得和他有共同语言，让他感觉到我们是一伙的，一起有着共同的话题而不是家长高高在上堵塞孩子的渴望。家长们整天挂在嘴边的别看电视、别看电脑、别玩手机，仅仅粗暴的让孩子知道不能做什么，却不让孩子知道为什么不能做，更没有让孩子知道能做什么。特别是不让孩子做的事情你自己却在做，家长没能成为孩子的表率又怎么要求孩子呢？

我家很早就有电脑，是比较笨重的那种，电脑是用来查资料、帮助我们工作的，孩子在学习上遇到问题，自然也可以查一查，有时候我们一起来查。奕铭小学的时候学校开设有电脑课，奕铭学会了很多电脑知识，现在看着孩子在电脑前查阅文献，我有时候在想，是什么让电脑这样的一个工具，成了家长眼中的洪水猛兽呢？

一天，妻子带着奕铭经过一片大地，奕铭问妈妈：“妈妈，这就是发展吧？”妻子一愣，发展？大地怎么是发展呢？妻子很快反应过来了，在新闻联播的电视画面中，祖国的发展，一定是广阔的农田，于是在他的脑海中大地就是发展。孩子正处于积累词汇的阶段，我们没有必要提前灌输形容词、名词、副词这一大堆复杂的语法知识。刚开始学习写作文的时候，奕铭从电视中学到很多的词汇，于是他把大量的词汇按照自己的理解罗列在一起，让人哭笑不得。我的观点是没有必要过于纠正，孩子大了自然都会明白的。就像家长在孩子小时候一起读诗，孩子愿意读是因为家长的陪伴，是因为诗歌的朗朗上口，而不是因为他知道将来有人会考他诗歌写作的历史背景以及作者的人物性格分析，随着孩子的成长，对一首诗歌的理解不断加深，对世界的认识也在不断加深，就像我们随着年龄的增长，过往的很多观点也在发生着变化一样。

孩子是要不断适应社会的，他不能成为局外人。手机没有错，电脑也没有错，电视也没有错，错的是家长的引导。假期我们去徒步，踢球、游泳、下棋、爬山、滑雪、到大学参观、到冰雪大世界参加跨年活动，然后在电视机前一起等着看电视中出现自己的跨年画面，看到自己的窘态而捧腹大笑，这些与学习无关的娱乐都是教育的一部分。菜刀在厨师的手中是工具，在罪犯的手中是凶器，菜刀没有错，错的是人。孩提时代的子女们辨别能力比较弱，因此父母的带动和引导尤为重要。

“教儿婴孩，教妇初来”，家长感觉孩子不好管是因为管晚了，小树长了旁杈，很容易除掉，等到小树长高了，家长的能力就不足以去除掉那根歪掉的树杈了。家里的卫生每天都清扫，形成习惯了不觉得累；家里的油烟机很久没有清理了，积累了厚厚的污垢自然很难清理。娱乐的危害在于家长的懒惰，懂得时时勤拂拭的父母，自然不会在子女的心中留下厚重的尘埃。

7. 成长的教育

我曾经蹲在小树旁观察树木的生长，遗憾的是我看不到它在长高，于是我离开了。一段时间后当我再去看这棵树时，我发现它的确长高了。

日记一：

上个周五，下午孩子放月假了，晚上我们到超市买了点菜去我父母那里吃饭。因为孩子两周放假一次，我们也需要看望老人。

吃完饭我们坐在一起聊天。父母的生活很简单，在他们的生活中最重要的事就是去教会。老人很高兴，介绍着自己这段时间的学习情况。我父亲走进里屋小心翼翼地拿出一本书来，书是包了书皮的，书皮上是我父亲提写的书名。父亲把书送到奕铭面前，奕铭接过书很认真地翻看了一下："这书真好！谢谢爷爷，我回家好好看看！"

"好！那你拿回去有时间好好看看吧！"

孩子很高兴地答道："好的，一定！"

回家的路上我问孩子："这本书你会看吗？"

他笑着回答："我哪有时间啊！"

我困惑了："那你为什么要这本书呢？这可是你爷爷、奶奶的心爱之物啊。"

他的回答令我十分惊奇："我知道啊，但是如果我不要，会伤他们心的，正因为是他们的心爱之物，我接受了他们才会更高兴。"是啊，孙子接受了自己的心爱之物一定是爷爷奶奶最高兴的事。

我原来一直认为孩子是个性很强的人，缺少变通，因此担心他长大了不能适应社会，现在看来，我的担心是多余的。

（写于2010年11月23日）

日记二：

从上周二到昨天已经六天了，每天孩子学习到晚上十一点半。原来他学习是到十点半的，因为这次月考成绩出来了，他在班级排到32名，学年是211名。我对成绩的要求其实不是很高，要求高也没有用，毕竟成绩取决于他自己，我只是希望他尽力就好了。我不希望孩子学习太累，他应该健康和快乐。他和我说有两件事刺激了他，使他决定每天多学习一小时。

他的好朋友明玉也在尖子班，可这次成绩排到了学年的第三名！早上上学的时候两个人遇到了，明玉说：今天是我上学最晚的一天。孩子有些尴尬地回答："我可是最早的一天呢。"

晚上自习的时候他和外教聊天，外教老师说自己每天是后半夜2点以后才休息的，趁自己年轻正在努力学习中文。

孩子和我说：我们的智商都差不多，只是个人的努力程度不同而已，我也要开始努力了。现在他的成绩只有520分左右，600分他认为是可以实现的，然后他还对自己的现状进行分析。他认为，难题自己并不感到可怕，但一些简单的基础知识反而丢分，原因是自己不太愿意看书；几次考试的不理想使自己对成绩的渴望变成了考试的压力而导致考试发挥不正常。几天来我开始关注孩子的学习，为了陪他，我选择每天傍晚在他回家前先小睡一会，晚间陪他奋斗到深夜。他的状态很好，积极性很高，学习很有状态，很多疑难得到了解决。他跟我说："其实学习不是那么难，我在学习对数函数和指数函数的时候感到很难，今天我做了两套试卷，只错了两个，只要我用心去做，没什么问题。爸爸，你帮我出点生物题吧！"

我想我应该为孩子做点什么了，今天我去书店买了本生物练习册，我要和他一起学起来。

（写于2010年12月13日）

8.阅读的教育

作家笔下的世界和现实世界并不是完全相同的世界，金庸笔下的世界是侠客的世界，琼瑶笔下的世界是爱情的世界，童话故事的世界是美好的，神话故事的世界是幻想的。老话说少不看红楼老不看三国，看书是需要甄别的，有的书不适合孩子的年龄，不同年龄段要选择不同的书来读。

孩子在故事中不断长大，故事来源于父母的讲述，更多的来源于各种书籍。儿童的故事书中几乎都在潜移默化地告诉孩子们要诚实勇敢、敢做敢当。诚实就是要说实话，可是孩子慢慢长大以后，发现有时说了实话会给自己带来麻烦，孩子错了大人可以批评，可大人错了孩子却说不得。这不是孩子的问题，是大人的问题，也是教育的问题，现实世界比书中的世界复杂得多，但没有人告诉孩子如何区分。孩子的眼睛是明亮的，心灵无比纯净，他们眼中的世界如童话故事般纯净而美好。

小学三年级的奕铭因为热爱而读了不少书，有文学名著也有散文诗歌，他的作文中开始出现各种词汇的堆砌，很多时候的用词是不准确的，有的理解得过于肤浅，有的理解有很大偏差。有时你看他的作文能让你笑疼肚子，我只做适当的纠正但不批评，并不会因为作文的失误而打消孩子阅读的兴趣和大胆使用词汇的胆识。由于奕铭比同龄的孩子读书多，很多同学愿意和他在一起玩，听他讲故事。他也很有主见，能够利用所学知识解决一些同龄的孩子感觉很困难的问题，当然孩子的问题不过是解个数学题，来个脑筋急转弯之类。到了四年级，随着阅读量的提高和理解能力的提升，他的作文越来越好，经常是老师作文讲评课的范文。伴随孩子的成长，烦恼和痛苦也开始出现了，现实世界和书中的世界不同，很多问题让孩子束手无策。班主任马老师对奕铭一直比较关注，老师发现他有时很不快乐，在作文中也表达出了一些与年龄不太符的痛苦。老师和我说：“你们家谁负责孩子的思想工作啊？得和孩子聊聊了，他在作文中写道：社会是一个大染缸，我们是抹布。在这个大染缸中我们本来是干净的抹布结果都被染黑了。这不是一个小学生应该有的认识。”既然老师让和孩子聊聊就聊聊吧。通过和奕铭聊天，我第一次知道了作家韩寒，原来他的一些观点是受到了韩寒的影响，我开始查找关于韩寒的资料，并阅读韩寒的作品，以期更好地了解孩子，让我和奕铭能将聊天更愉快地进行下去，我们得出的结论是：染缸就要染布，这是染缸的使命，但染缸不是只能染出恶黑的布，也能染出彩色布，于是我们有了不同颜色的布料，做成不同颜色的衣服，世界从此丰富多彩，所以我们要感谢大染缸。这些话有的并不是我的观点，但我要让孩子知道世界有险阻更有风光，不能因为一叶障目而忽视了泰山的雄伟。

成长需要付出代价，在孩子的成长过程中一定会遇到这样或那样的问题，有的孩子身体发育很快，长得人高马大但心理却不成熟，家长和老师不能过高的要求孩子；当然也有的孩子人小鬼大，心理成熟得比较早，很小就很社会，作为教师和家长要注意交流的分寸，我们应当学会等待，不能操之过急也没必要小题大做，在适当的时机给予适当的引导，等待成长和成熟。不是每一天都能阳光明媚，植物虽然需要阳光，但也需要雨水的滋润，世界是彩色的，不是单色的，人与人也各不相同，我们要学会理解和包容。

孩子，让我们去找个三棱镜吧，让我们一起来看看七色阳光。

9.陪伴中的教育

这个时代的人都很忙，八小时内忙着工作，八小时外又要忙着应酬。虽然忙但没有人愿意放弃孩子的教育，于是各种各样的看护班、兴趣班满大街都是。我见过有的家长把孩子送到学习班之后就去忙自己的事情，甚至把有限的收入全部投入到全托的幼儿园或私立学校，然后认为，我已经把全部的金钱投入到孩子身上了，孩子如果没有出息那就不是我的错了。

对于我们两个从外地农村到城里工作的人来说，日常生活自然也忙得不可开交。由于学校的工作紧张，奕铭出生后刚满月，他的妈妈就要上班了，白天只能把奕铭托付给邻居帮忙照顾，直到我俩下午下班才能接他回家，回到妈妈的怀抱。这样的环境使得奕铭从小就很独立，小学二年级开始就能自己带钥匙上下学了。

除非是出差或是其他极特殊情况，我总是要在晚上和孩子共处半个小时，有时是随意地说说话，有时是下棋，也有时是掰掰手腕比比力气。小学二年级的时候，我给奕铭买了一套奥数题，不是他做，而是我们两个一起比赛解题做奥数，奥数这种考验脑筋的习题对我而言不算太友好，不过没有关系，毕竟这不是我在教他而是我们两个共同研究，我充当的是奕铭的学习伙伴。我们一共坚持了五年，直到奕铭开始读初中。刚开始学的时候我比奕铭做得快，那时的问题是我怎么深入浅出地讲解习题；到了四年级我俩已经不相上下了，那时我的问题变成了怎么证明父亲的实力；等到五年级以后我已经不是奕铭的对手了，那时的问题是我要想着怎么小小的夸奖一下孩子。其实，随着孩子的成长，何止是奥数我落了下风，下棋我也经常输给他，奕铭赢了我，他自然非常高兴，但我不会轻易让他赢我，我也从来不让着他。现在很多专家学者反对孩子学习奥数，认为没有什么用处，如果学习是为了竞赛获奖而走捷径，那我也反对。实际上奕铭一直也没有参加过奥数竞赛，但在学习奥数的过程中，我和奕铭是平等的，他多了一个学习的伙伴，在共同学习过程中我们之间的关系也越来越融洽。奥数讲究的是用非常思维解决非常问题，能够开发学生的智力，培养学生的发散思维能力。很多问题看似无从下手，但经过仔细的思考找到解决问题的办法后都可以很好解决。通过学习奥数，在整个中小学的学习过程中，无论是数学还是物理等学科遇到困难的时候，奕铭从来没有放弃过，因为他知道，看似不能解决的问题只是没有找到解决问题的钥匙，他始终相信，既然题目出现了那就是现有知识范围内我们能解决的。作为一名教师，这么多年以来无数的例子告诉我，在我们的生活和习题中总会遇到很多看似很难的问题，实际上只要坚持不懈的努力、灵活的思考就终究会解决它，因为“一切困难都是纸老虎”，怀着必胜的信心，不要有畏难情绪最终一定会战胜困难。

孩子长大了会离开父母去上大学，毕业后又要忙于工作，父母和孩子之间相互陪伴的时间会越来越少，孩子在小的时候有父母的陪伴是幸福的，同样陪伴着儿女成长的父母也是幸福的。陪伴孩子长大的过程，何尝又不是对父母的一次再教育呢？下面是奕铭五年级时写的一篇作文，写的是和我下棋的一段经历，语言生动形象，将我的记忆一下子拉回到了过去。

下棋给我的启示

第十小学　五年级　张一鸣

在我的印象中，我跟弱者下棋几乎百战百胜，可是我在最近的一次失败中获得了一些启示。

爸爸在我会下棋时就是一个象棋迷。开始是他把我打得大败而逃自刎于乌江；可是后来变成我逼爸爸弃子投降。于是我渐渐地产生了自满的情绪。一天爸爸要和我大战三百回合，我笑道：“我让你一套车、马、炮如何?”爸爸说：“哼，今日还不知鹿死谁手呢！加油啊，别一不小心输了啊。”“哈哈……”我大笑。爸爸大吼一声：“小子，废话少说，先吃我一炮!”一个过宫敛炮出炉了。我则以迅雷不及掩耳之势来了一个鸳鸯炮，顿时八面威风。不到几个回合爸爸的几个大兵被我的大车碾的死无全尸了，我看到我那所向披靡的大车自觉十分高兴。可是爸爸眉头一皱计上心来，大象飞起来了。我暗笑：这有什么用啊，看我给你点厉害的让你瞧瞧。我的大车一口气吃掉爸爸最后一个大兵。可历史最黑暗的一幕出现了，爸爸的大象长鸣一声把我的那最伟大的大车卷走了。啊，我中计！没等我反应过来，爸爸又接连吃掉了我多员大将，弄得我只有招架之功而无还手之力；随着一套象、士受到杀害，老将身边已经无一护卫。只见爸爸大炮一挺、马腿一拍“马——后——炮”三个大字差点震昏了我，无奈之下我只能投降认输了。

通过这件事我懂得了一个道理：做事情要认认真真，自己自认的优点也可能是不容忽视的隐患。

（马莉老师评语：描写生动、形象，语言精练、准确。）

10.游戏的教育

几乎所有的小孩子都喜欢打游戏，奕铭也不例外。我们家附近有好几家游戏厅但我们都没去过，当年家里电脑除了扑克牌也只有一些小游戏，但已经让我们很过瘾了。奕铭小学一年级的时候我们去北京，我俩专门去了一家比较大的游戏厅玩了一个下午，他激动地大呼“老爸万岁”，过足了瘾。回到家以后我俩去了一次我们当地的游戏厅，设备很差，玩游戏的人吸烟弄得屋子里的空气很差，转身我们就出来了，用奕铭的话说条件太差没法玩。

朋友听说我带着孩子去打游戏非常不理解，玩游戏很容易让孩子上瘾，避之唯恐不及怎么能带孩子去呢？我带着去总比孩子自己去好吧，孩子想去的原因是好奇，那就满足好奇心呗。游戏没有错，丰富了我们的业余生活，玩物丧志耽误了正事是我们自己的定力不够。在我小时候学校不允许学生去三厅一室，三厅是歌舞厅、录像厅和电子游戏厅，一室是台球室，去这些地方被老师发现一定会受到批评的，但几乎所有的男生都去过。后来才知道人家丁俊晖打台球玩出了世界第一。空气质量太差我们改变不了，但我们可以多走路少开几次车，通过运动锻炼来提升我们的免疫力；游戏容易上瘾我们也改变不了，但我们可以给孩子多一些陪伴与宽容，用现实的多彩打败游戏的沉迷。

现在家长在教育孩子时争论比较多的是“穷养”还是“富养”，又因为有“从来富贵多淑女，自古纨绔少伟男”的说法而普遍认为应该穷养儿子富养女。但时代不同了，社会进步了，物质上的富足使我们不可能再回到吃不饱穿不暖的时代。所谓富养更多的应是精神层面，比如家长应该教育孩子有自信、自立和智慧，有爱心，有同情心，而不是保护过度，导致孩子不懂得如何与别人相处，只能沉迷于游戏中寻找朋友。无论何时精神的匮乏都比物质的匮乏更可怕，精神匮乏的孩子会变得更加自卑。无论是男孩还是女孩都应有坚强的意志，增加阅世能力，见识多、独立、有主见、明智，很清楚自己要追求的东西。家长不应该对孩子娇生惯养、包办代替，让孩子从小多一些经历、多一些锻炼，培养他们坚韧、顽强的性格。

在奕铭四五岁时我们去农村姥姥家，下车要走四公里路，冬天很冷，我们各自背着自己的包裹手拉手快乐地向前走，地面结冰十分光滑，我们就把这当成一场溜冰游戏。孩子的脸冻得通红，但他并没有感觉辛苦，因为苦难决定于心态，只要心态好，再大的艰难也可以甘之若饴。把苦难视同生活的游戏，这是一种很宝贵的品质。坚信走下去一定会到达目的地，因为孩子知道别人能做到的我们一样能做到，别人做不到的我们经过努力会有可能做到，这样的自信才是生活这场大游戏的必需品。

苦难是男人手边的“磨刀石”，责任是男人肩头的“徽章”，男孩子要注重从小培养责任心，未来才能担起家庭和社会的双重责任，能够自我决定、自我承担责任而不放纵自己、屈服于欲望，成为一个顶天立地的男子汉。我们要培养孩子辨别是非的能力，能够自觉抵抗外面游戏等诱惑的能力，遇到问题能够理性思考有见识，能够有宽大的胸怀，相信自己也相信伙伴……我们不能跟孩子一辈子，要让孩子有自己的判断，知道什么是该做的什么是不该做的。下面分享一篇我写于2010年端午节的日记。

东北的春天来得比较晚，端午时节草才开始绿，我们这里有端午早起踏青的习俗。今年的端午恰逢世界杯，索性我们都不睡了，决定看完凌晨的足球赛直接去踏青。伴随裁判的终场哨声，巴西以2：1战胜了朝鲜队，此时时针指向了四点一刻，我们从家里出发，计划去人工湖划船。

从家门出来就感觉和以往不一样，刚刚4点多，路上的人和车已经很多了，到了景观大道路口分明看到有警察把道路用隔离带隔开，禁止车辆通行。我们只好绕小路把车停在兆麟初中的门口步行去人工湖。天空中开始飘落雨点，开始只是淅淅沥沥，但很快雨点大了起来。我们前行的速度很慢，到了湖边雨已经很大了，儿子坚持要划船，我虽十分的不情愿，但因为是已经说好的事情且有妻子的同意我也就不再坚持。

船很湿滑，儿子已经迫不及待地抓起船桨划起来了，我则坐在船头。空旷的湖面上小船轻快地在水面滑行，天空的雨珠飘落在船上，可我们浑然不觉，只顾欣赏着岸上的美景，岸边站着好多人打着伞或披着雨衣在欣赏着我们，我们已经成为别人的风景了。雨点打在水面上激起一个个小花，迎着风我站立在船头，扬起上臂，高声吟唱着：大江东去，浪淘尽，千古风流人物……衣服几乎湿透了，虽用掉了两卷纸座位还是湿的，雨点落在身上并不冷，反而感觉很惬意。不觉间雨点越来越小了，太阳也实在是忍不住想看看下面的风景吧，悄悄地探出头来看了一下，又不好意思地躲在白云的后面——但终于没能忍住，或许是地面的吸引力太大，它跳到了白云的上面认真地向下俯视，也成了风景的一部分。

突然周围热闹起来，原来停靠在岸边的十几条船都开到了湖中，大家比赛着，欢笑着，相互避让着对方，既有一对情侣在一条小船上窃窃私语，也有一家三口的其乐融融，更有几个好友的闲侃胡聊。伴随船桨的起落一个个旋涡向船后跑去，有一些水草挂在了船桨上。有的人干脆把船桨收起来，任小船自己漂流，随波而去。

快乐的时光总是短暂的，不知不觉交船的时间到了，我们上岸时才发现有好多人在排队等着船，我们把船桨还给管理人员，马上有人去问：还有船吗？当得到回答是没有时，等待的人很生气地嘟囔："刚才不是下来一艘吗？"管理员回答："你没看见有人已经等了更长时间了吗？"大笑着我们离开了。

想划船的人很多，但想淋雨的人却很少，能冒雨划船的就只有寥寥几人了，而当雨停了，大家都想划的时候却没有了那么多的船只，只好等待，有些没有耐心的老兄只好回家了。在雨后划船的乐趣有很多，而雨中划船的乐趣却只有我们自己能够体会得到了。如果没有孩子的坚持我应该是不会上船的，他很感情用事，计划好的事情就应该完成——即使是下雨。若干年后，我们还会有这样的激情吗？

（2010年6月16日　端午节）

第四章　共同成长

在陪伴孩子成长的过程中家长也在不断成长着，孩子人生的第一位老师是父母，家长的一言一行无时无刻不在影响着孩子，从某种意义上说，为了孩子的成长更需要家长的快速成长，就像老师为了教好学生需要不断学习一样。当我们的孩子出现问题时，作为家长应当反思我们的教育方式是否出现了问题，我们自己是否也存在同样的问题。

1.游泳

现在很多孩子的假期生活都被父母安排得满满的，有数不胜数的课外兴趣班，家长带着孩子像赶场子一样去参加各种辅导班。有的是孩子感兴趣的，有的孩子并不感兴趣，只是家长认为很重要而已。

奕铭小时候在我们县城里的课外活动并不多，很多父母往往是听说了谁家的孩子在哪个学习班还不错，也把自己的孩子送过去，学几天，孩子不愿意学了就不去学了。同事的孩子和奕铭同龄，在我家附近的游泳馆学游泳，同事说这个教练很专业，建议奕铭也去，这样接送孩子的时候我们两个只要去一个人就可以了。我带着奕铭到了游泳馆，奕铭看到其他的小朋友在水中自由的游来游去特别羡慕，于是他决定要报名学游泳。

先从蛙泳学起，首先开始陆地模仿。教练把动作要领说完之后，有一个小朋友做示范，然后奕铭开始进行陆地模仿练习。学习一门技术和玩完全不同，在水中玩很有趣但学习的过程是很枯燥的，尤其是陆地模仿。从游泳馆回家的作业就是陆地模仿300次，为了鼓励奕铭我也和他一起做。动作定型之后带着浮板在浅水区下水体验动作，三天之后开始学习换气，一周之后奕铭就可以在浅水区游了。教练把他们几个能在浅水区游的小孩带到深水区，命令从深水区向浅水区游，有的孩子往边上靠，教练用竹竿把他赶到水中央去，孩子带着恐惧拼命向浅水区游，一个接一个的扑腾到了池边。经过几次这样的练习，孩子们可以自由的在深水区活动了，教练才开始教如何加速游。

半个月的学习很快就结束了，我仍然送奕铭去游泳馆，一是因为他喜欢，二是游泳可以锻炼身体，何况夏天很热，这也是一种比较好的避暑方式。由于天天接送奕铭，教练在教学的时候我也在旁边，有时还和教练聊一聊，我基本知道了游泳的基本要领。一天兴起，我也下水了，我的经历证明了会说和会做完全是不同的概念，但我已经掌握了游泳的基本理论知识，又有了陆地模仿的基本功，学习起来还是比较容易的，何况我还有一个小老师——奕铭的帮助，所以很快我也学会了游泳，只是动作不是那么规范。第二年在我和奕铭的鼓励下，妈妈也学会了游泳，于是游泳成了我们一家三口的共同爱好。

我们家只交了奕铭一个人的学费却三个人学会了游泳，自从我学会了游泳之后，经常是我们父子两人一同去游泳馆，如果我游20圈，奕铭就要游30圈，总是比我多一些；有时我们也会比试一下，大多数情况下都是我输了。通过游泳我们增进了交流，在我们都游累了的时候，两个男人坐在泳池边说些小故事讲些小笑话，彼此都很高兴，当然有时也惹来奕铭妈妈的嫉妒。

成为一个父亲是男人一生中最伟大的事情之一，我们欣喜于孩子的成长有时却忽略了自己的成长，我们在严格要求孩子的时候却忽略了对自我的要求。有的人说和孩子没有什么可以聊的，如果和孩子有了共同的兴趣爱好，成了忘年交的好朋友，又怎么会无话可说呢？如今回忆起和儿子共同游泳的时光仍然很快乐。

2. 等待——长影世纪城观影（日记）

早就想去长影世纪城去看看了，正好赶上十一长假，于是我们三口人约上朋友驱车前往长春。

提前一天我们到了长春，安排好住宿后我们在网上订了第二天的门票。第二天早上五点半，朋友的电话叫醒了我，简单洗漱过后，我们一行人就出发了，出了城区我们在路边的小吃店吃了早餐，到达电影城时才刚刚七点钟。八点多我们把门票拿到手，又等了足足一个小时，世纪城终于开门了。

世纪城不大，各娱乐场所也相隔不远。朋友准备的旅游攻略是网友介绍的，而进去之后我们就顾不上研究攻略了，哪里人少就往哪里。观看完立体水幕影院——水幕迷城，见证玛雅文明的陨落——火山爆发后我们开始排队观看“极速穿梭”。走进高不见顶的建筑，迈入极速穿梭的神舟号，惊奇地发现自己已漫步在奇异的太空中转站，弯弯的环廊深不可测，闪烁着荧光的星球向你展示着她曼妙的绚丽。继续前进，当来到神舟号中转平台四处张望的时候，你会发现自己原来已经置身于一个伸手不见五指的黑暗空间。突然，神舟号启动了，速度越来越快，此时陨石、飞碟与你擦肩而过，呼救声、尖叫声在你耳边传来。“唰——”灯亮了，经过极度的紧张之后，神舟号到站了，而尖叫声依然回荡在耳边！

到了吃饭时间，我们在餐厅快速吃完饭，出来后发现人已经很多了，到处都是长长的队伍。来到“星际探险”得知还需要排队四个小时。我们马上转到东北二人转场地看《今日开机》，这里每20分钟一场，每场能容纳200人，一个小时就排到了。孩子们都喜欢去非常实验室（4D影院）和光影穿梭机——斗转星移。据说影片《非常实验室》是由美国顶尖设计公司为长影世纪城量身打造的独一无二的影片，长影拥有独立版权。在一阵厚重铁门打开所发出的刺耳声中，疯狂的科学家带领我们走进非常实验室，巨大的仪器、各色的液体和不时爆出的火花，说明实验已经开始了。非常实验室里的一次失误，开始了另类的勇敢者游戏。我们随着故事情节不由自主地进入了角色：屏幕上突然出现了成千上万只老鼠，这时感觉到裤腿里不断有东西在游动。是老鼠，不错，就是老鼠，我不由自主地抬起腿看一看，我感到老鼠跑到我的鞋里，真是躲都躲不掉的感觉。缓缓的一条眼镜蛇出现了，它吐着长长的红舌头，不时地露出大大的毒牙，此时，我的脖子后面有风在吹。“啊，毒蛇来了！”我忍不住要回头看一看。我们在斗转星移中感受电影的魅力，在这里我们知道了光影世界中的飞行奥秘，让我们自己变成银幕上的英雄，银幕下的明星。这里将亲身体验电影明星的非凡经历，或是体验悬在直升机外的特技飞行，或是披挂超人衣感受正义使者的高速穿梭，亦或是与家人一起坐上阿拉丁的神奇飞毯周游世界。

看过激光特效电影——精灵王国后，我们又回到最经典的项目——星际探险。20分钟一场但每场只容纳36人，我们又需要排队四个小时！看着前面的人不断地进入影院，心中那是一个嫉妒啊。当我们的耐心几乎快没有了的时候，隐约看到队伍的头了，于是我们决定继续忍受！虽然进入影院后又等了些时间才入座，但心情好很多，心跳也开始加速了。坐好并把安全带绑好后只听见“5，4，3，2，1，启动！提速！……”黑暗中，在太空船长杰克的命令下，我们的星际之旅开始了！飞船发射所发出的轰鸣声和超重的感觉，让我紧紧抓着安全带，直行，转弯，加速……间或还有UFO从身边飞过，突如其来的太空风暴，庞大的宇宙怪兽频繁攻击，巨大的“太空树”几乎让飞船毁灭……突然，飞船又发生了剧烈的震动和刺耳的声响，太空怪物到处穿梭，不时做出袭击的动作，我们不由自主地来回躲闪，加上我们所乘坐的飞船会不停地摆动、闪躲，我们感觉到自己好像已置身宇宙中。后来，看了介绍我才知道这是将目前世界上最先进的动感电影技术与球幕电影技术相结合而成的动感电影。目前世界上拥有这种动感球幕电影的只有三家，长影世纪城是其中之一，其他两家均在美国。而设置起飞舱，长影世纪城是第二家。

每部影片只有不到二十分钟，可排队时间最长达到四小时。回想这一天的大部分时间都是在排队，但我们都不后悔，因为我们知道快乐是短暂的，记忆是美好的，而追求快乐的过程同样是值得回味和记忆的。

（2011年10月7日）

3. 王家大院

几年前去过北戴河却没去山海关，总是感觉有些遗憾。今年暑假和家人再次去北戴河海边玩儿，终于有机会到山海关去看一看了。到了山海关自然是要到著名的“王家大院”看看的。

据说王家大院乃清咸丰年间兴建，主人曾是山西盐商。王家大院号称万里长城第一家，王家在咸丰年间曾富甲一方，号称山海关“南半城”。吴三桂镇守山海关时曾与陈圆圆在此小住。据史料记载，李自成兵临京城时，吴三桂在驰援的路上明朝灭亡了，原本他是想向李自成投降的，但当他听说陈圆圆被刘宗敏占有后，就怒向清军投降，引清兵入关。所以就有了吴伟业“恸哭六军俱缟素，冲冠一怒为红颜”的诗句。王家大院是典型的明清四合庭院式建筑群，占地10亩，内设18个展厅，有上万种展品，大到床铺家具，小到针头线脑，从金银首饰到衣裳布匹、烛台灯火、床橱柜桌、枕箱被帐、冠巾鞋袜、铜盆器皿、瓷漆杯盘，从梳洗用具到珠玉珍玩、文房四宝……内容丰富。王家大院是山海关地区收藏陈列民俗用品、展示明清生活用具、研究民风民俗、弘扬民间传统文化的专题型博物馆。“清砖铺地叠瓦房，花格窗户映回廊，翠竹摇曳青草绿，燕语蝶舞花凝香。”方春凳、八仙桌、呷老酒、品新茗、啖名吃、聆丝竹，人生悠哉尽在百年王家大院。

在大家对过去的富人生活品头论足的时候，我想：王家大院的主人自然已经故去了，可他的后人们又在哪里呢？我想，王家的前人创造的家业一定想留给自己的后代，就像我们努力工作想给我们自己的孩子留下点什么一样。可是“万里长城今犹在，不见当年秦始皇”。一个命题出现在我的脑海里，那就是：我们到底能给我们的后代留下点什么？房子吗？现在最紧俏的就是房子了，可是看一看我们的房产证，房子的产权只有70年！不要说后几代，等到我们的孩子到了老年，房子可能都已经倒塌了。世事难料，我们的祖先曾经也许很辉煌，也许很落魄，我们不得而知，我只知道自己要为生活而奔波。

朋友为他儿子买了车和两个黄金地段的房子，很让人羡慕。他的努力可以让他的儿子少奋斗20年！也许是我太幼稚了，我一直认为幸福与否并不是和物质的多少成正比，也许是吃不到葡萄就说葡萄是酸的吧。从王家大院出来我一直在想，我们到底要给我们的后代留下点什么呢？也许什么也留不下，也许什么也不用留下。

4.休息日

进入高三，学习氛围立刻紧张起来，先是学校召开家长会接着是学生的动员誓师会，学习时间也在加长。奕铭在高一高二晚上还是8：50放学，高三变成了9：50放学，并且周六周日两周才休息一次。

周五晚上接孩子回家，因为第二天休息的缘故，奕铭比平时兴奋得多，一上车就长出了一口气："明天我休息喽！"作为家长希望他明天能够继续多学一些，于是我试探地问："明天的学习怎么安排？"他倒是没有不高兴而是问我："爸爸，我想问您一个问题"，他稍微停顿了一下，"您说，为什么要有休息日呢？休息是什么意思呢？"不知道从什么时候开始他给我上课了，而且还是启发式。我当然知道什么是休息也知道他问我的目的，我看着他笑了笑说："好，明天我们都休息。"

休息是指在一定时间内停止活动，使人从生理上和心理上得到松弛，它是一个消除或减轻疲劳恢复精力的过程。我们国家规定上班族周六周日为休息时间，经过两天的休息我们上班的状态会更好，如果连续工作容易身心疲惫、工作效率下降、注意力降低，很容易造成亚健康，增加患病的几率甚至危及生命。

奕铭小学阶段的休息日是最快乐的，小学的作业不多，很快就能完成了。周末我们一起去踢球、游泳，奕铭有时也约上邻居家的孩子一起去打篮球。寒暑假就更好了，带上作业去农村姥姥家，除了表弟还有好多好朋友可以一起玩。有一个周末我俩把该做的事情都做完了，决定去哈尔滨动物园。于是把书包里的书本拿出去，下楼到食杂店装满饮料和小食品坐火车就走。到了动物园，奕铭和不认识的小朋友一起跑到很远的地方弄点草来隔着围栏喂骆驼，骆驼打喷嚏弄得几个小孩哈哈大笑。在动物园时不觉得累，在公交车上反而觉得很疲惫，偏偏又没有座位，我们只好站了一路回到家。

到了初中，学习任务重了，老师布置的作业一定要先完成，然后还要增加任务多做点题。奕铭假期一般不参加补课，他会在放假第一天做出计划，每天安排出适当的学习时间，假期要把下学期的单词提前背下来大部分，语文该背的课文也要提前背下来，还要安排出看课外书的时间，当然也要留下大把的时间玩儿。

奕铭高中每天放学时间很晚，假期学校组织辅导，休息时间很少，周末休息除了洗澡就是多睡一会儿了，周末的查缺补漏是必要的，把有些没有弄明白的知识点再研究一下，但《格言》他是每期都要买着看的。

有人说学习就像爬坡，你不努力就会从坡上滑下来，而一味的闷头使劲未必能上坡，累了、停下来、歇一会，然后一鼓作气才更有可能冲到坡顶。孩子在家里的时间很短但仍然十分重要，教育学上有一种“5+2=0”的说法，五天在学校学习，回家玩两天归零了。家长对孩子不能放任不管，如果小时候没有养成好习惯，不能按时完成作业，没有责任心，等到大一点想管也管不了了。但不能把孩子的休息时间排得满满的，孩子疲于应付，本来感兴趣的变得不喜欢甚至讨厌了，学习成了负担。孩子做完作业适当加量是正常的，但不能在孩子完成了家长布置的任务之后又增加新的任务，如果这样做，家长在孩子的心目中就没有了信用，而且孩子知道永远有做不完的作业，只能磨洋工了。有的家长反映自己的小孩写作业慢很可能和小时候家长安排的作业过多有关系。家长说话要算数，孩子完成任务后该干什么就干什么，让孩子从小知道提高效率完成自己的工作才有时间做自己喜欢的事。

休息是必要的，只有经过有效的休息我们才能满血复活、精力充沛，学习和工作的效率会更高，有时发现孩子已经困得不行了还要坚持，没有什么必要。一直在和瞌睡虫斗争，能学多少？不如先小睡一会打个盹。中学的孩子一般睡得比较晚，所以中午的午休十分重要。最好的休息并不一定是常规的睡觉，也可以通过转换活动内容的方式进行，比如坐久了站起休息一会，思考问题久了听听音乐放松也是一种休息，运动、跳舞、唱歌等活动可促使神经系统在变化多样的环境下接受丰富而适当的刺激，有利于消除疲劳恢复精力。对于家庭教育来说，家长需要在小学阶段帮助孩子养成好的学习习惯，初中打下扎实的基础，等到高中顺势而为。

5. 让座

我喜欢旅游，但不喜欢跟着旅行社出游的方式。我喜欢和家人或朋友在一个城市中安静地待上几天，和当地人聊聊天，了解一些当地的风土人情。2012年暑假，我们家三口人就来到了北戴河，住在一个家庭旅馆中。

在海边玩了两天之后，我们决定去山海关看看，并且决定坐公交车自己去。经过查阅地图后，了解了我们的坐车线路是先坐22路到终点，换34路到四道桥汽车站，然后换33路到山海关站，路上大约需要2个小时。由于公交车从早到晚都有，我们可以不受时间限制尽情在山海关玩，不用担心走太远而赶不上返程的汽车。

到了山海关，我们都很兴奋。爬长城，去王家大院，能走到的地方都去了，等我们都感觉走不动的时候，才考虑回旅馆。一想到公交车拥挤没座位还要站两个多小时就感到很沮丧，于是我们决定等车上的人不多的时候再上车，保证有个座位好歇歇脚。功夫不负有心人，过去了两趟车后，我们终于坐上了有空座位的车。车启动了，一站又一站，人越来越多了，我们望着窗外北戴河的美景。我已经不记得是到哪个站点了，伴随着车门的打开，上了一个老大娘，我站了起来，在她的“谢谢”声中把座位让给了她。又经过了一站，上来了更多的人，其中有一位年轻的妇女带着一位老人，老人很老，身体可能也不是很好，走路不是很稳，可能是她的父亲吧！奕铭什么也没说，站起来就把座位让给了老爷爷。老人坐下来之后，接过了他女儿的东西放到了自己的腿上。然后，我看到老人家把身子侧过来并向旁边挤，留出了一小块空位置让女儿坐在自己身旁。

我的心动了一下，我看到了父母对孩子的爱。老人家确实很老了，但他的女儿还算年轻，老人和女儿挤坐在一起的时候，满脸幸福。我把座位让出来是我自愿的，因为我年轻，一会到了旅馆我就可以尽情休息了，但我没有让奕铭也让座，是他自己主动让座的。我想，如果我没有先把座位让出来，而是先告诉孩子要学会关心他人，那么他真的能做到自觉让座这一点吗？今天，我什么也没说，只是单纯地把座位让出来，我做到了，我的孩子也做到了，我想他将来也应当能做到。伴随着摇晃的车我思绪万千，无论是家长还是老师，如果只告诉我们的孩子和学生，应该这样，应该那样，但很多对孩子的要求我们自己却没有做到，“身教胜于言传”，教育界也流行着“当孩子意识到被教育的时候，我们的教育已经失败了”，那么今天，我想我应当是做到了。

6. 手机

手机作为现代通讯设备受到不同年龄段朋友的欢迎，尤其是随着科技的发展，手机的功能越来越强大，上网玩游戏、网络聊天，正所谓手指轻轻一动，一切轻松搞定。曾经的掌上游戏机已经不多见了，一部手机全部搞定。现在的孩子接受新事物更是快得让家长吃惊，在面对现代电子产品的使用问题上，家长明显落后于孩子的适应速度。曾经的“大哥大”变成了日常用品了，一部还能使用的手机据说只能换一个三元钱的塑料盆。家长为了和孩子沟通方便，加上孩子喜欢，孩子几乎都有了自己的手机。可从小学到高中，使用手机的问题一直令学校和老师很头疼。

现在的孩子带手机现象特别严重，曾经有一段时间学生上课玩手机已经影响到了老师的正常授课，好在教育行政部门及时出台政策禁止学生手机进校园，情况好转了很多，但仍然有学生把手机带进课堂的现象。奕铭已经高二了，一直没有手机，他其实很喜欢手机，作为教师我们感觉到没有必要给他配手机。2012年新年的假期里，孩子曾一度非常渴望拥有自己的手机，他了解我们的脾气，知道我们不会给他买，他就想用自己的压岁钱买手机。我看到了他写的一张纸，写的是关于自己买手机的利弊分析，利也无非是别人有，我也应该有，有事找同学和家长比较方便等。弊则是影响学习，家长不高兴，等等。所以最后他决定不买了，等考上大学以后再说。看到这张纸我还很高兴，认为孩子很理智。

伴随2012年高考的临近，他也距离高三越来越近，他的学习状态也越来越好了。原来周末休息的时候他是要上网的，虽然我们不高兴，他还是有自己的理由：休息时间就是要休息吗，如果休息时间还学习，那还休息什么呢？马上进入高三了，他的时间抓得紧了，周末也不再因为上网的事和我们闹情绪了，尤其是外语成绩明显提高。在高二学期末考试不但进入了前100名，而且是历史性的第76名，创造了进入高中以来的最好成绩。妻子很兴奋，大声宣布给孩子买一部手机作为奖励。古时候的曾子为了妻子的承诺可以杀猪，我虽不赞成妻子的做法，但既然已经承诺了那就要兑现，我也就没有反对。

妻子是一个性子很急躁的人，第二天下班就直奔手机店，花了一千多块钱买了一个功能很多很强大的手机。回到家里开始研究使用，竟然笨手笨脚地发出了好多不该发出的短信，手机的键盘很灵敏，一不小心就把电话打出去了。我对她说，如果这个手机送给孩子，他需要多长时间来研究这个手机呢？上网也很容易，他到底有多强的意志力呢？虽然我们都相信自己的孩子，可有必要在孩子成绩刚刚有点起色的时候来干扰和考验自己的孩子吗？最后，经过我们两个人讨论决定，手机还是要给孩子，不能失信，但不是这个。于是我们又来到了手机店，选来选去，最后买了一款很便宜很漂亮但功能相对要少很多的手机。

晚上孩子放学回来，亲手接到这个手机的时候，他跳了起来，连说："谢谢爸，谢谢妈！"看到孩子高兴我们也很高兴。而那款比较高档的手机就成为妻子的囊中物了，我笑着问："是不是你故意假借孩子的名义给自己买个手机呢？"妻子只是笑，并不回答我。

7.咱有错在先

学生普遍不喜欢穿校服，即便校服的质量再怎么好、看起来再怎么大方得体，学生还是喜欢穿自己买的衣服。学生喜欢追求个性化没有错，校服对学生约束的同时也方便学校的统一化管理，学校普遍要求学生穿校服。奕铭对校服没有反对意见，大多数孩子喜欢名牌，但他对穿着一向没有太多的要求，只要干净能穿就可以，这也许是受我和他妈妈的影响吧。

奕铭高三的时候，每天放学很晚，周六周日也要两周休息一次，为了孩子休息好一点，我们也没能例外，在学校附近租了一家地下室，当我忙的时候，他们母子就在地下室住了，平时我把奕铭接回来，毕竟地下室的条件要差很多。班主任老师只知道我们在学校附近租了房子，但不清楚奕铭只是偶尔住在这里的。早上出来的匆忙，奕铭没穿校服就去学校了，老师发现后让奕铭马上回家穿校服，奕铭没有反驳，打车来回十几公里回家把校服穿了回来。

晚上知道这件事之后，我装出很生气的样子说："高三时间多宝贵呀，竟然浪费时间回家去拿校服，老师是不是有点小题大做了？明天我去找你老师！"奕铭跟我解释，他曾经和老师说过他住在学校对面，否则老师也不会让他回去的，况且是他有错在先，老师要求穿校服学生就应该穿，是他错了，错了就改正，没有什么。

我只是说说而已，实际上我不可能去找老师的，事情已经发生了，而且类似的情况也不会再发生，找老师没有任何意义。况且班主任吴老师工作非常认真，深受孩子的喜爱，是一位值得敬重的好老师。

这件事老师并没有错，即使老师真的做错了也应该得到家长和孩子的理解和支持，因为平日里老师该做的都做到了。如果孩子信服老师，老师的工作就好做，因为老师的威信正是来源于平时工作中的能力与公平。这样的老师教出来的学生上了大学甚至工作后还会想着老师，每年放假回来都要跑去老师家里看看，汇报一下学习和生活情况。

能遇到一位好老师是人生中的幸运，但并不是所有的孩子都这么幸运。我也听说有个别老师利用节假日要求孩子参加补课班，如果不去，老师的态度很不好。学生也很反感这样的老师，他们只是孩子成长中的过客，学生毕业以后再也不会联系他的。作为教师要眼光放远些，作为家长要正确面对孩子对于一些问题的看法，我觉得孩子上中学以后有自己对事物的判断，家长应该多听听孩子的建议。在学习生活中，同学之间或是学生和老师之间往往不可避免会发生摩擦，有的家长生怕自己的孩子吃亏，到学校大吵大闹言行过激造成很不好的影响。学生时代学生之间的矛盾以及和老师的矛盾都不是什么事儿，处理得当有利于孩子心智的成熟，家长应该教给孩子解决矛盾的方法，而不是大吵大闹。尤其不能让孩子和老师发生冲突，受影响损失最大的是孩子自己，很多初中生因为喜欢某一老师而喜欢上这门课，也会因为不喜欢某个老师而不喜欢这个老师所教的课程，这对孩子的成长十分不利。家长要成为孩子和老师之间的黏合剂，协调好师生之间的关系，让孩子亲其师信其道，避免课上的内容孩子不学，课外又要找老师补课，时间、经济成本过高，有时还可能会造成夹生饭现象。

就这件事我郑重地表扬了奕铭："你做得很对，你比爸爸的境界高，我要向你学习。"人的眼睛已经是向外看的了，那么遇到事情就更应该多内省，而不是忽略自己的问题死盯着别人不放。

8. 滑雪

很多专家都建议家庭中应当由父亲多带带孩子，尤其是男孩子。很多孩子从小就和女性生活在一起，小时候由妈妈带着，上学了，小学和中学的老师也是女性偏多，现在的男孩子受女性的影响比较多，于是出现了男孩女性化倾向。心理学家分析：在孩子的成长过程中，光有母亲的教育是不够的，若孩子缺乏父亲的教导可能会使孩子形成多愁善感、性格孤僻、胆小自卑等性格特点。让爸爸带孩子还有一个好处，就是能影响孩子的性格，让孩子变得更加勇敢和独立。

我很喜欢和奕铭在一起，自然奕铭也喜欢和我在一起，我们经常一起做游戏或是出去玩一些活动，我们两个曾经因为摔跤把床单弄坏，也曾经大风天出去放风筝弄得灰头土脸，惹得奕铭妈妈一顿埋怨。我们父子之间有很多属于我们两个男人的秘密。

我们单位的年轻人比较多，业余生活很丰富。夏天我们去爬山、漂流，冬天则去滑冰、滑雪。在东北有差不多半年的冬天，滑雪是我和奕铭的共同爱好，几乎每年我们都去，但我们都属于业余的水平。孩子学什么都快，也敢于冒险，我们开始都在初级赛道上练习，有些基础后就想去中级赛道尝试尝试，中级赛道比较长也比较高，这样从上面下来的速度更快，我喜欢带着滑雪板从高空飞驰而下的感觉，那就像是飞！中级比初级刺激很多但风险也比较大，我的一个同事从中级赛道滑下来直接偏出了跑道，弄伤了自己，在床上躺了半个月。高级赛道是专业运动员级别的人才能玩的，一般工作人员不让我们上去。我上了两次中级赛道，被狠狠地摔了两次之后就不敢上了，好在我没有受伤。奕铭在小学和初中的时候，我们在初级赛道玩，等到奕铭上了高中，他就开始上中级赛道了。

在奕铭高二时，我们元旦从滑雪场回来，奕铭跟我说："爸爸，下次你们组织活动我不去可以吗?"

"当然可以呀，你不是很喜欢滑雪吗？为什么不愿意去了呢?"我问。

奕铭回道："你们大人在一起很有意思，但我感觉和你们玩不到一块儿。"

奕铭以前从来没有说过这个想法，我突然意识到，他已经长大了，他需要自己的空间、自己的朋友，他要独立了，他不愿意在你的羽翼下了。从此遇到事情我和他更多的是商量，给予孩子更多的理解和尊重。

在有活动的时候，我会告诉他，我们计划在什么时间去哪里活动，你去吗？他基本不再参加，当然他自己的事情也越来越多，隔年考大学，接着是各种学业压力，当然，他也有了自己的社交圈。

9.放生记(日记)

每年5月的第二个星期日是母亲节。今年（2013）的母亲节不仅是护士节，还是汶川"5.12"大地震五周年的纪念日。孩子还有25天高考了，时间抓得很紧，难得今天孩子放假休息，这算是学校给他们一个洗澡和缓冲压力的时间，虽然只有短短一个下午，孩子还是很高兴，毕竟好好补个觉也是好的啊。

去年的母亲节孩子要给妈妈买礼物，妈妈告诉他如果一定要买就给姥姥买点什么吧，于是孩子给姥姥买了个小乌龟。姥姥对这只小乌龟很爱护，买的龟粮它不喜欢吃，就给它买肉吃，小乌龟长得很快，一年过去了，它大了一圈。有时天气比较好的时候，姥姥就把它从鱼缸里拿出来放到阳台上晒晒太阳。但孩子买的乌龟毕竟不是那种宠物龟，总养在家里对它而言是一种圈禁，于是我们全家决定把养了一年的小乌龟放生。本来计划五一放假的时候去，可是今年的天气异常，五一的天气还很冷，怕松花江的水把小乌龟冻着，于是决定利用今天下午的时间去放生。

孩子睡到下午两点钟，才叫起他，一起到姥姥家去取小乌龟。到了姥姥家，当听说我们要把小乌龟放到离家较近的东门外的人工湖时，姥姥提出了不同的意见："人工湖的水很浅，到了冬天就冻到底了，那小乌龟不就被冻死了吗?"于是我们决定带着孩子和姥姥、姥爷到五十公里以外的松花江去放生。

北方春天的天气变化无常，我们出发的时候还是万里无云，经过乐群乡的时候看到了天空中开始有了乌云，等到了团结乡的时候就开始下雨了，而且雨下得越来越大，前面大货车带起的泥浆打在前挡风玻璃上，让我们看不清前进的路。等过了团结乡到达杏山镇的时候，雨停了下来。驶过乡村的公路，我们进入了通往江边的土路，路上泥土飞扬，有的地方地面还有积水，农民把牛粪堆到在路两旁更增加了通行的难度，我们顺着车辙痕迹终于到了江边。

一路上小乌龟被装在一个纸箱中，孩子一直抱着它。路上姥爷和孩子一直聊着一些农村的趣事和姥爷年轻时的故事，我边开车边听他们讲故事，倒也不寂寞。好久没有到江边来了，松花江又涨水了，满眼地望不到边。孩子小心翼翼地把小乌龟从箱子里拿出来放到地上，小乌龟朝着大江的方向迅速地爬去，大约爬了两米远，它停了下来。伸着小脑袋四处张望着，它也许是在看风景，也许是对我们的留恋，它停在那里竟然一动不动了。我们不知道小乌龟在想什么，我对孩子说："如果小乌龟不愿意到大江中去，我们就把它再带回来吧。"姥爷走过来，把小乌龟放到江水中，小乌龟刚一接触水就箭一般地向水底游去不见了踪影。

天空完全放晴了，我们站在江边吹着江风看着风景，我们又原路返回了。一晃几年过去了，想来小乌龟也该成为大乌龟了，应该子孙满堂了吧。

（2013年5月12日）

10.炸酱面与卤煮火烧

高考结束后，奕铭先去了山东舅舅家，然后换车到北京，我们三口人便在北京汇合了。北京的小吃很多，最亲民的恐怕就是老北京炸酱面与卤煮火烧了。外出旅行除了游山玩水，当然不能错过当地的小吃。

走进前门，家家餐馆的门面上都写着"北京炸酱面""卤煮火烧"，进入胡同深处，找个位置刚坐下来，服务员笑盈盈地递过来一本厚厚的大菜谱。看都不用看，"来两碗北京炸酱面、一碗卤煮火烧"。

不到十分钟，两个大餐盘就上来了。中间一大碗面，四周四样小菜和一小碗酱。四样小菜是：黄瓜丝、胡萝卜丝、煮黄豆、绿豆芽。尝尝炸酱吧，是一碗很香的肉酱，肉块不大，有肥有瘦但不腻人。把几样小菜通通放入面碗中，再舀出两勺肉酱和面拌在一起，狼吞虎咽地吃了起来。

吃完擦擦嘴，我想到了我们东北的"手擀面"来。小时候家里穷，很少有面吃，吃一顿手擀面是绝对的改善伙食。父母将面粉、水调制成水调面团，饧30分钟左右备用；取一块面团，用手揉均匀，然后平放于案板上，光面向下，用擀面杖向四周用力擀开成片状，待面块擀制到一定的程度时，将擀杖卷入其中，用面紧紧包裹在内，并用手反复向外推卷。如此几次后，将其展开，撒上适量的扑面，从另一个方向把擀面杖卷入其中，进行推卷操作，然后再展开，撒扑面。以此类推，直至将面团擀成薄片为止；将擀好的面片折叠，切成细条，宽度随意。切好后将面条抖开摊开，再撒些薄面以防粘连。下入沸水锅中煮3分钟左右香喷喷的手擀面就可以出锅了。做面有很多讲究，在和面时，为了增加口感，有时要加入少许的盐或鸡蛋。饧面时面团放到容器中，盖上盖子，面会更加筋道。面里的菜没有那么麻烦，冬天的时候天气比较冷，我们就先在汤中加入蔬菜等吃热汤面；到了夏季，我们把煮好的面放到冷水中过一下，然后加入准备好的卤子，我们的卤子一般是尖椒肉卤（香香的、辣辣的）或蘑菇肉卤，不喜欢肉的可以选择鸡蛋酱卤，随你喜欢。

卤煮火烧是老北京土生土长的东西，据说比京剧还要纯粹。地道的北京人都喜欢吃卤煮火烧。但我还从来没有吃过，如果不是孩子想尝一尝，我可能又错过了。服务员把我们要的卤煮火烧端上来我们就傻眼了，好大的一个碗！用筷子翻动一下，更加吃惊了，汤里面竟然是小肠和肺头等动物的内脏。对于平时不喜欢吃内脏的孩子来说还真是遇到了难题，好在孩子很聪明也很“孝顺”，把小肠和肺片挑到了我的碗里。不过味道还真是不错，肉烂而不糟，其中味道最厚重的还是小肠。肠酥软，味厚而不腻，没有异味，偶尔吃到一片白肉更是满口香。

卤煮火烧和东北杀猪菜的风格不一样。在东北农村杀年猪是一件大事，无论哪家杀年猪都一定要把亲朋好友请到家里来吃杀猪菜，杀完猪的肉要留到过年吃，剩下的肥肉下水怎么吃？这就有了杀猪菜了：自家腌的酸菜配上自家做的血肠再加上肥肉原料就齐了。大肥肉好吃不腻，要切成片放进锅里煮了过油，然后和酸菜、血肠一起炖，这种吃法在东北农村至今还保留着。过去人们没有条件讲究什么配料、调料，只是把刚杀好的猪肉斩成大块放进锅里，加入水，放上盐，然后边煮边往里面切酸菜，等到肉烂菜熟后，再把灌好的血肠倒进锅内煮熟。上菜时，一盘肉，一盘酸菜，一盘血肠，也有的是把三者合一，大盆大盆地端上桌来。这种菜不是刚做的好吃，而是多做，以后吃的时候一热，那才是最好吃的。一顿地道的“杀猪菜”吃下来，大饱口福的同时，更能领略一番那浓浓的东北乡情。

饮食是一种文化，是长期形成的。不同地方的小吃各具特色形成了不同地域的饮食文化。

11. 共同学习

高考结束了，无论是家长和学生都放松下来了，很多家庭选择去旅游，我们三口人选择了去山东参加和传统文化有关的夏令营。

八天的学习时间，三口人成了同学，我们一同起床、刷牙、洗脸、上早课，一同去吃早餐，课堂上共同参加问题讨论，共同完成作业，共同游戏，排队去吃午饭，晚上一同洗脚休息。没有了高考的压力，每个人的心情都很舒畅，表现也都很好。

学习过程中有一个环节，需要上台分享：我上了台发言。奕铭坐在第一排，旁边是他妈妈还有其他夏令营的伙伴，这些小伙伴有的是来参加活动的学员有的是来做义工的，孩子的妈妈告诉我说奕铭对我的评价很高，奕铭跟妈妈说：“我爸讲的挺好啊！真能讲！”想来那时他眼里应该满是自豪吧。

我们一直说孩子是父母的骄傲，其实父母也是孩子的骄傲，想让孩子成为什么样的人，我们自己应首先努力成为什么样的人。如果我们对孩子有很高的要求那对自己也要严格要求，即使做不到也要让孩子感受到父母在努力。我希望孩子大大方方的参加活动，所以我也是一样，我要给孩子做出表率来。夏令营发起者的初衷是希望家庭和谐，但很多家庭是不和谐的，尤其是对孩子的教育上出现有很多问题，表现比较突出的是孩子叛逆。孩子要成长，而父母的格局限制了孩子的成长，孩子必然要冲破父母的束缚。要知道，最终孩子一定会超越我们，我们不可能总是比孩子强，如果父母一直比孩子强那也是比较悲哀的，但起码我们应该成为孩子的知心朋友，让孩子知道我们是他最亲近的人。家庭是孩子避风的港湾，家长永远是孩子的精神领袖，所以家长不能限制孩子的成长，也要不断自我成长，跟上孩子成长的脚步。成长是一个人自身变得更好、更强、更成熟的过程。现在是，将来也是，我们要让孩子知道年轻时的父母很努力，年纪大了的父母仍然在学习，学习是一辈子的事，我们都应该尽全力做好每一件事。

如今的孩子所处的生活环境与我们当年完全不同，我在小时候没有玩具，每天吃饱了就很快乐，现在的孩子在物质上十分丰富。我曾经用我当年的故事讲给奕铭听，奕铭并不买账，他和妈妈说，我爸讲的那些，如果在那个环境下我也能那样做。生活中没有如果，孩子也不可能回到我们当年的时代，在如今的环境下我们都要做最好的自己。

几天下来发现奕铭很自律，被褥叠得整整齐齐，什么时间该干什么清清楚楚，在活动中十分积极，也非常乐于帮助他人，而且看得出来在帮助别人的时候他是快乐的。他和陌生的人很快成为朋友，融入其中快乐得很。在活动中我们会发现，孩子有很多值得我们学习的地方。

本来是为了教育孩子，收获最大的反而是我们大人，我们信任孩子，我们也要有资格让孩子信任我们。上了大学以后孩子的时间更紧更忙了，于是我们共同学习的经历便成了美好的回忆。

12. 道歉（日记）

2010年悄悄地落下了帷幕，2011年悄然而至。辛苦工作学习了一年迎来了元旦三天小长假，终于可以睡个懒觉了。2010虽然过去了，2011的压力却仍然存在。马上就是学校的期末考试了，2号的早晨孩子要去外语老师家里接受辅导。

我还在洗漱间洗脸，孩子被叫了起来，昨天他睡得早，今天早上的精神很好。蹦蹦跳跳着直奔厨房，掀开锅看看今天的伙食怎样。妻子看到了，张嘴就来："早上起来就看锅，就知道吃，除了吃你还知道啥？"家庭气氛一下子降到了冰点，孩子直视着她的母亲："我不吃了。"背着书包就出去了。

我担心孩子的情绪，也担心孩子今天的学习，但生活总要继续，今天我只能带着担心去农村参加一项必须参加的会议。

当我从农村返回的时候已经是华灯初上了，孩子和妻子在岳父家吃晚饭，大家都很高兴。妻子跟我讲，孩子从老师家回来一进门就说："妈，你还在生气么？别生气了，是我不好。"本来妻子还绷着脸不高兴，孩子的一句话让她没了脾气。下午妻子建议他们去孩子的姥姥家，孩子很兴奋地说："太好了，妈妈你先去吧，我一会去。"当晚饭开始的时候，孩子主动去拿碗拿筷，对姥姥的厨艺赞不绝口。气氛被带动起来了，大家很高兴地在一起共进晚餐。

3号妻子要到单位去加班，家里只剩下我和儿子。我们不知不觉谈到了昨天的事情，我问："昨天你回家的时候，你妈还生气吗？"

"生什么气啊，我向我妈道歉了，她就不生气了。"

"我感觉你没有错啊。"

"我感觉我也没错。"

"那你道的哪门子歉呢？"

“何必让家里的气氛那么不和谐呢？我道歉又能怎样呢？”

“那你不感觉委屈吗？”

“没事，都是自己家里人。”

晚上和妻子单独在一起的时候，我和她谈到这件事情。妻子坚持认为孩子应该先洗脸然后才能吃饭，可是当时我在占用着洗脸池。况且在家中，我们都应该放松和自由一些。孩子已经长大了，我们说话要有分寸。鸡毛蒜皮的小事弄得大家都很不愉快又是何必呢？孩子懂得去哄自己的妈妈高兴，懂得营造和谐的家庭氛围是难能可贵的。关于孩子，我和妻子谈了很多，我们都感觉到了在他身上发生的变化。去年七月我们回到农村老家，亲友们聚在一起吃饭时，孩子表现得彬彬有礼，和大家一起闲谈时表现出来的成熟又一次在我们的脑海中闪现。也是啊，再有两年半孩子就上大学了，就要开始自己面对生活了。我们总是感觉孩子还小，但实际上他正在悄然地发生着变化。百善孝为先，孩子能够让父母开心是非常可贵的。

妻子欣喜于孩子的变化，感受到了被孩子宠着的幸福感。

（2011年1月4日）

第五章　以书为伴

高尔基说过："书是人类进步的阶梯。"一个喜欢读书的孩子的未来不会太差，一个不喜欢读书的孩子的未来不会好到哪里。让孩子养成读书的习惯，学会读书、学会选择读书对孩子的一生都是重要的。

1.让孩子喜欢读书

读书的重要性不言而喻，习惯决定着未来，读书应该成为一个人一生的习惯。一个从小喜欢读书的孩子学习成绩不会差，未来的学习之路也会比较顺畅，让孩子喜欢读书是家长需要思考的课题。

很多家长知道读书的重要性，但又担心不良书籍对孩子产生不好的影响。孩子喜欢的动漫书，家长认为无聊怕耽误时间不让孩子读；孩子喜欢的科幻，家长认为是胡闹也不允许孩子读，家长用成人的思维不断否定孩子的选择，帮助孩子选择了一些家长认为孩子应该读的，孩子并不买账也不愿意去读，一旦错过了读书的最佳年龄，孩子就会失去了读书的兴趣。

我认为小学阶段是读书的最佳阶段，随着孩子认识的字越来越多，已经逐渐能够从书籍之中找到自己喜欢的故事，书中的知识也能帮助他解决一些他所关心的问题。小学阶段的学习压力不大，孩子有大量的时间选择阅读。书是人写的，任何一本书都能找到瑕疵，我们不能因为食物中可能有农药或化肥而禁食，我们需要从食物中获得我们生长所需要的物质营养，从阅读中获得我们需要的精神营养。

家长的引导对于孩子读书习惯养成非常重要，一本《十万个为什么》放在书架里，我抛出个问题问奕铭，他不知道，那我们就一起来看看《十万个为什么》有没有答案吧，结果很显然能在书里找到答案。如果孩子已经读了一些书了，我就要请教一下小先生另外的问题，当然答案还是在《十万个为什么》里。不用你再动心思了，孩子已经开始读这本书，不但读而且会向我提出问题，有的我知道，有的我不知道，知不知道的都请孩子讲给我听，并表示很佩服！小孩子的好奇心很重，当家长捧着一本书有滋有味地读着的时候自然就容易唤起孩子的好奇心，我曾经有一次告诉奕铭，我读的书很好，但不让他看，我发现他在我不在家的时候翻看了我读过的书，当然这些都是我有意的。

孩子读书多了，从书本上获得的知识也多了，和小朋友聊天的话题也多了，他得到了实实在在的收获，读书也就成了习惯。小学三年级的一次家长会上，奕铭和家长分享读书体会，他说要从孩子喜欢的图书开始读，例如《哈利波特》是小朋友喜欢的，建议家长买给同学们看，从《哈利波特》开始同学们都会爱上读书的。我认为从正规书店买的书都可以让孩子读，建议家长也要读并善于引导孩子，有时我们对书中的关注点和孩子是不一样的，我的家里有《红楼梦》，奕铭翻看之后最大的感受是书中的词写得好，令我很意外。

读书自然就要买书，奕铭读完了《三国演义》之后，不知道从哪里知道《三国演义》是故事不是真实的历史，于是买了《三国志》古文版开始学习。小学毕业奕铭和妈妈去北京，妈妈建议孩子读《于丹心语》，奕铭坚持要把《鬼谷子》买回来，于是两本书都买了回来。奕铭坚持要去国子监，路上和妈妈讲关于国子监的来龙去脉，看到国子监的大门和妈妈讲“门当”和“户对”，所有这些都是通过自己的阅读知道的，让妈妈一顿感慨。

孩子读书是从兴趣开始的，我们和孩子一起去读并通过探讨与交流鼓励孩子更广泛的阅读。读书不能功利化，课本很重要，可又有几个人愿意一直啃课本？我们的专业书很重要，但我们也要补充其他的书籍。我们读一读企业的管理书籍可能为班级管理开阔思路。正餐很重要，适当的间食也可以吃点，正如酣眠必不可少，小睡也别有风味，世界上不是非此即彼的，不是仅有黑白还有其他的颜色。在阅读中孩子了解了世界的丰富多彩，也通过阅读掌握了克服困难战胜自己的方法。我们关注的是成绩，孩子的书读多了考虑问题的思路更宽了，成绩自然也会提高，“腹有诗书气自华”，书读多了作文的文采自然也就有了。

2. 读书——从半边字开始

几乎所有的孩子在婴幼儿时期都是闲不住的，除非是睡觉，只要是醒着就不停地活动，他们总是有事要做，很少能静下来，奕铭也是一样。作为独生子女，他没有兄弟姐妹，自己玩着无聊就要找我，使我很难有时间好好读书。

母亲生养了我们兄妹五个，我们都是一个带着一个长大的，我在五六岁的时候就要带着妹妹玩了。我们家孩子多，别人家也一样，我们小时候很容易凑上十几个孩子在一起玩，尤其是在农村住平房，我们可以前院后院地疯跑，直到天完全黑下来，各自的妈粗着嗓子喊着自己家的娃回家吃饭。那时家家都穷，大人为着能填饱肚子而忙着，根本没有精力管这些孩子，更别提教育了，能吃饱就让我们很满足了。和现在的孩子比起来，虽然物质上我们很匮乏但精神上很富有也很快乐。奕铭这一代的孩子住在楼房里，家家只有一个，很难凑到一起玩，他们的玩伴也只能是父母和玩具。于是读书对于我变成了一件奢侈的事情了。

这不，好不容易到了周末，收拾完屋子刚打开书，这个闲不住的家伙又来烦我了。“别打扰我好吗？没看见我在看书吗？”

不一会，奕铭又凑过来了：“那我干点啥呀？”

“书柜里有书，你也可以看书呀。”

“好吧”。

他真到书柜里找书了，找了一本以前给他买的画册像模像样地看了起来。“字我不认识怎么办？”他还是想让我来理他。

“不认识的字念你认识的一半就可以。”我只是想让他尽量少打扰我，他却认真地读了起来。让我没有想到的是奕铭竟然从此爱上了读书，晚饭后谁也不说话静静读书竟然成了我们家的一道风景线。

接孩子放学，刚放下书包，奕铭突然问我：“爸爸，红肠专科是什么呀?”红肠是吃的，怎么出现了专科呢？我想了一下明白了，在回家的路上经过一家医院，医院的牌匾上写有“肛肠专科”的字样，这个半边字先生把“肛肠”读成了“红肠”。去商店买鞋回来，奕铭的问题又来了，“爸爸，什么是开业大古?”他把开业大吉读成了开业大古。我想到了一则笑话，有人向他人吹嘘说读了名著叫《水许》（《水浒》），他人便问书中的故事是什么？他说里面有个李达（李逵），手拿两把大爹（大斧）非常英勇。成年人读错了是个笑话，如果是个六七岁的孩子给我们讲这样的故事，我们应该知道这个孩子至少已经认识了水、李、大等字。字读错了，纠正过来就好了，不能因为要咬文嚼字而耽误了阅读。这样的错误对于一个刚刚上学的孩子来说根本不算什么，有人说不犯错误的孩子长不大，我是认同的，年轻人就要敢于试错。对于这样的错误不取笑、不批评甚至还要鼓励，让孩子感受到大人是可以信赖的。

有人说父母是孩子的第一任老师而且是终生的老师，父母对孩子的影响是巨大的，喜欢读书的父母更容易培养出一个愿意读书的孩子来。

3. 读书之痛

几乎所有的父母都坚持让孩子多读些书，我也不例外。读一本好书是和一位有思想的人交流，有人说一人一个苹果，交换后苹果只能还是一人一个，两个人思想的交换却是每人有了两个思想。我们耳熟能详的是“书中自有千钟粟，书中自有黄金屋，书中自有颜如玉”，于是我们都在想方设法地引导孩子多读书。

奕铭出生不久我就买些画册给他读，他听故事的时候倒是很认真，可转眼不注意，他就把书偷偷地撕掉几页。等到四五岁的时候，虽然不识字，但有些小故事他已经背下来了，于是捧着书像模像样地读着，引得邻居一片赞叹。等到认识一些字以后，他开始了真正的阅读，有几本画册读到了精彩的部分，缺页了，他很生气，“谁这么坏呀？怎么把书撕掉了呢？”我和他的妈妈都忍不住笑，“还有谁能这么坏？都是你以前干的好事。”弄得他很不好意思。小学二年级奕铭就已经开始读大部头的书了，最开始是受电视动画片的影响看《西游记》，然后是《水浒传》，也许是男孩子的缘故吧，对英雄的崇拜，喜欢《水浒传》中的武松、鲁智深，对其中的一些情节能够背下来给我们听。

晚饭的时候当我们一家人坐到一起的时候，明显感觉到奕铭的情绪低落，没有了往日的快乐。我问：“刚才干什么了。”“看书呗”，他声音明显比平时低，不等我反应，他接着说：“爸爸你说《水浒传》里的那些人怎么那么惨呢？他们最后怎么都死了呢？”我明白了孩子情绪低落的原因了，他已经把整本的《水浒传》读完了，他知道了故事结局，统治者采用“借刀杀人”的策略，命令梁山好汉前去征辽、征方腊。连年的战事，弄得一百零八条好汉最后只剩下了二十七人。然而，就是这些幸存者也未能逃脱接踵而至的厄运。统治者眼见梁山好汉们势单力孤，便在封官赏爵后不久，对宋江等人下了毒手：宋江、卢俊义被分别用药酒、水银毒死，李逵被宋江临死时拉去陪葬，吴用、花荣也在蓼儿洼自缢身亡。一场轰轰烈烈的起义，就这样结束了。

一个阳光少年在他的眼里一切都是那么的美好，在他的世界里好人一定会战胜坏人，世界也永远是和平的，他无法理解死亡，即使是书中的人物，一些故事情节他都认为是真实的。孩子就是在一个个故事中成长起来的。孩子的眼中只有好和坏，他的故事世界中都是善有善报恶有恶报。借故事跟八九岁的孩子谈人生显然不合适，很多问题根本就不是问题，或者说现在的问题将来不是问题，没有必要把所有问题都解决了，况且我们成年以后每次读《水浒传》这样的名著仍然会有不同的想法。于是我轻声说："儿子，《水浒传》读完了吧？哪一段你最喜欢呢？咱先吃饭，然后你讲给我们听听，好吗？"

吃完饭，收拾好碗筷，奕铭开始给我们讲故事——《智取生辰纲》，他完全沉浸在故事情节中，讲得绘声绘色，刚才的不愉快已经不见了。

4.我们家的读书生活（日记）

在我小的时候课外书是稀缺资源，哪个同学家中有课外书，他一定会成为大家的中心。虽然我的家庭条件差，但我还是读了一些书的，尤其是上中学的时候我是我们当地图书馆的常客，有时能达到每天读一本书的程度。那时我们周六的下午不上课，我的时间基本是在县城图书馆的阅览室中度过的。

二十年前，闯入家中的小不点为我们艰辛的生活增加了许多的快乐，也让我们更加忙碌了。和许多孩子一样，他喜欢听故事。为了给孩子讲他能听懂的故事，我给他订了《小雪花》，把里面的故事讲给他听。不知道他哪来的耐心，一个相同的故事听多少遍都不厌烦。最后竟能发现你讲的不一样的地方，后来干脆他拿着书自己读起来竟然还一字不差，他还不认识字，只是凭自己的记忆在读。

由于从小读了很多书，他的语文成绩一直不错，他喜欢自己徜徉在书的世界里，用他自己的话说，关于中外历史名人，同学都不如他知道得多，可是歌星影星却一概不了解。他的一些作文我帮助他投到小山屋作文网，《星星耀中国》收录了他的文章，我很高兴，他倒是很无所谓。自从小学五年级迷上了三国，当他读完了《三国演义》，就拉着他的姥爷满县城找《三国志》。他不仅仅是对故事感兴趣了，他更想要了解这段历史，初中的历史课他一直是满分。

由于我们工作比较忙，陪伴他的时间少。初中的时候。我们去哈尔滨办事，把他留在学府书城，午饭自己解决，允许他看一天的书，并且可以自己选择自己喜欢的书。他很高兴，初中的时候竟然买回了《易经说解》，开始关注中国传统文化。

高中在选择文科还是理科的时候，我建议他根据自己的特长选择文科。他自己却选择了理科，把历史和文学作为自己的爱好。高中以后他读书的速度越来越快，也比我读得多了，他在自己读完的书中认为对我的学习生活有用的就推荐给我。在我生日的时候他把《欧·亨利短篇小说选》送给我做生日礼物。即使是在高三紧张的备考中，每月一期的《格言》也是必买必读的。

如今，孩子已经读大学二年级了，学习方向是生命科学的理论研究。他希望自己能为人类的健康做出自己的贡献，放假回家还是要读一读《论语》等经典书籍。我经常和孩子说，我们家要成为书香家庭，要用书香润泽生命，让书香成为家的味道。

（2015年3月10日）

久望的和平

双城市第十小学　五年级　张一鸣

当第一颗罪恶的子弹从枪眼迸出时，那不仅仅是给一个人肉体上的伤害而更多的是全世界人民那一颗久望和平的心无情地被破碎了。

在一次看电视时，不经意间看到了一个有关伊拉克战争的报道，我的心不能平静了。面对着那么多双无助的眼睛，面对着那么多憔悴的面容，我不禁要大声疾呼："强者们，你们看到你们那罪恶的果实了吗？"妻子渴望见到丈夫的身影，但见到的却是一堆骸骨；孩子渴望得到母亲的乳汁，得到的却是走进孤儿院的命运；人们渴望得到一个安全的栖身之所，得到的却总是无尽的恐慌……在战争中有人失去了金银财宝，有人失去了亲人骨肉，最可怜的是孩子们失去了稚嫩的童心，换来的是满是烙印的、千疮百孔的心灵；他们失去了天真的笑容，换来了是冰冷的面孔……他们失去的太多太多。

记得一篇文章中写道，一位记者问伊拉克的孩子们：“你们长大了干什么呀?”换回来的是一个斩钉截铁的回答：“人体炸弹”。这些可怜的孩子们的理想仅仅是人体炸弹！而我们坐在温暖的教室里，嚼着巧克力、薯片梦想着自己有一天超过比尔·盖兹……这世界难道不能有一天每一个地方都充满和平的阳光吗？那久望的和平何时能到来？“多行不义必自毙”多少史实证明了这一点。日本的侵华战争、德国的二次世界大战、美国的越南战争、以巴冲突……但是那么多的人，那么多的国家为什么要发动战争呢？我想只有一个词能够概括，那就是“利欲熏心”。

他们为了自己的利益不惜摧毁他人的和平，他们实在太可恶了！夜深了，我想起那久望的和平不禁吐出了一口气，因为我知道这一天就要到了。

第六章　与人相处

一个性格孤僻的人无法适应现代社会，无论是成人还是孩子都要学会与人沟通，学习沟通和交流，从和父母的交流开始。一个人需要认识自我、关爱他人、适应社会才能更好地与这个世界相处。

1. 享受寂寞

2009年奕铭上初中了，六月份是我最忙的月份，高三照相、毕业典礼、准备高考、召开一次家长会。学校还组织了一次教工排球赛，我是主力队员代表高三学年组参加比赛并获得了冠军。

终于到了周末可以休息了，周六早晨我对奕铭说："今天你上学，妈妈值班。我在家休息了。"儿子的回答出人意料："该！"我想了想乐了，上周末孩子休息，我们两个大人忙着装修新房子很晚才回家。那两天是儿子自己安排伙食、打发时间。一天他打了N次电话问什么时候回来，他那两天一定不是很快乐。他品尝到了孤独——虽然有电视和电脑，但可能更需要和父母朋友的交流。在他的心目中并不认可我要享受休息时光，而是独自一人在家和他上周一样忍受孤独，受到孤独的惩罚。

人是社会性的动物，需要与同类交往，需要爱和被爱，在孩子很小的时候对父母充满依赖，他们害怕孤独，尤其是长时间的独处孤独感随之而来。但父母不可能陪伴孩子一辈子，孩子要学会独处，学会独立思考。能独处的孩子，即使爸爸妈妈暂时不在身边，也不会感到孤单害怕，他们会自己找东西玩，懂得规划时间，家长应该有意识地培养孩子独处的能力。有时候不是孩子离不开父母，反而是父母离不开孩子。家长的过度保护，生怕孩子受到一点点伤害。幼儿园门口总有家长趴在围栏外面观望，这就破坏了小朋友锻炼独处的环境。如果一直有父母陪伴着，小孩子会肆意地宣泄情绪，这不利于他们未来的成长和个人发展。蒙台梭利说过：“除非你被孩子邀请，否则永远不要去打扰孩子。”孩子想自己一个人待一会的时候，我们关注过多，就变成了一种打扰。

在孩子玩游戏的时候我们只需要在一边静静地看着，孩子将会在这段时间里受益良多。不管做得好不好，孩子独自完成一件事的过程，就是一种思考和学习的过程。

如果孩子感到孤独，在不愿意接受孤独时他们就会去想办法。这也恰恰是锻炼他们情感发展的好时机。家长在确保孩子安全与健康的情况下，要允许孩子自己待一会儿，孩子独处时，大人可以默默地在远处观察，或是做自己的事情，时不时关注一下孩子的状态、确认环境的安全，这样足以给孩子安全感。这样的陪伴其实最能保护孩子的天赋，让孩子感受到安全却不打扰，同时也给了孩子真实感受独处的机会。

能够独处的孩子喜欢安静，能在书桌前坐好，上课专心，注意力集中，做事情一心一意。上周奕铭自己独自待在家里一整天并不是我们要有意锻炼孩子，而是没有办法。

2. 和自己相处

我国的计划生育政策实行了几十年，独生子女成了一个时代的特色，也带来了很多新的教育问题。只有一个孩子，家家都将其视为宝贝；从小的娇生惯养，易造成独生子女自私，甚至不会与人相处，学校教育中一直反复提倡合作学习，教会孩子学会与人相处。在我们学习了如何与人相处时，却忘记了最为根本的一点，即如何与自己相处。

社会在批评独生子女问题的同时也应该意识到，独生子女问题是一个社会问题。作为独生子女的一代，他们在物质上可能是充足的，他们最大的问题是缺少玩伴，尤其是住在城市高楼里的孩子更是如此。奕铭小时候最主要的玩伴就是我了，但我又要工作和学习，虽然我尽量抽出时间陪他，但和他玩的时间仍然很少。有一次他找姥爷下棋，可是姥爷忙着自己的事没有时间，奕铭很不高兴嘟嘟囔囔地说："没人跟我玩我就自己玩。"于是便自己左手和右手下棋起来，竟然也玩得不亦乐乎。

一个人的成长就是一个不断认识世界的过程，在认识世界的过程中逐渐形成世界观、人生观以及价值观；认识世界也要认识自己，学会和他人相处也要学会和自己相处。

令人欣慰的是奕铭从小喜欢读书，独处的时间他几乎都是和书籍一起，从书中获得了大量的父母无法给予的知识和力量。我觉得从小就对书籍有浓厚兴趣的孩子在求学的道路上可能会走得更远一些。读课外书在奕铭的学习生活中从来没有中断过，即使到了高三学习比较紧张的时候，奕铭仍然要看课外书，其中杂志《格言》每期必看，学习累了的时候，他的休息方式是读一段课外读物，从中获得能量。

通过读书奕铭学会了独立思考，做事有主见，看待问题有自己的观点。高考结束之后，他自己独自一人去山东财经大学参加传统文化的学习活动，然后去北京，等爸爸妈妈放暑假后，三个人在北京集合。大学期间，他利用假期仍然是一个人独自去北京、贵州、重庆、四川等地参观游学，其中时间比较长的一次出去了二十一天，游历了长江三峡，还赶上了一次峨眉的地震，好在震级比较小，交通中断了几个小时之后恢复正常，当我们后来在新闻上听到地震这个消息的时候仍然很紧张。

一个会与自己相处的人，才会与他人相处。只有学会了如何与自己相处，才能保持身心的和谐。学会如何与自己相处，自我和谐、自我完善才是人生的根本。在学习和成长过程中奕铭学会了关心自己，和很多的独生子女不同，他很小的时候就会自己做饭。一个人学会了自我管理和独立思考，那么他在工作和学习时会全力投入，也会在紧张的工作之余放松自己，让自己身心健康。

我们经常说人与自然、人与社会的和谐，其实最重要的是人自身的和谐。离每个人最近的是自己，相处时间最长的也是自己。曾子曰："吾日三省吾身"。一个人学会了与自己相处，那么，在心灵深处就有了幸福快乐的源泉。学会与自己相处，是每一个人的必修课。

3. 换位的相处（日记）

孩子不能只知道学习，也应该参加劳动，我总是认为学习的目的是为了将来更好地参加社会劳动，当然也包括家庭劳动。周六下午当得知奕铭的作业已经写完了，我决定带他到我家正在装修的新房子去参加劳动，让他知道劳动的不容易。虽然主要还是我干，但他还是参与了全过程。

我家的新房子是一楼带半地下室的。工人已经撤出了。为了省钱，一些我自己能干的零活决定自己来完成。活很多，不知不觉到了傍晚了，我决定开始装灯。准备好工具后，奕铭说："我们先装中间厅的灯吧，趁现在还能看得见，装完这个再装卧室的，卧室有窗户，也能看得见。”非常不错的主意，我们很顺利地把几个灯装完了。等到进入半地下室时，天又暗了一些。孩子又说话了：“这回我们先装卧室的吧，卧室我们还能勉强看见，装完卧室的灯之后把灯打开，再装客厅的我们也能看到了。”于是，在他的指挥下，我们很快就完成了工作。

回家的路上，我在想，今天的工作怎么是在他的指挥下完成的呢？什么时候开始我们的相处模式变了呢？我记得送他上学到学校门口，总是嘱咐一句：“听老师的话啊。”当他闹情绪的时候，我也是告诉他“听话啊”，他也确实很听话，告诉他的每件事情也能尽量地做好。为什么要求我们的孩子要听话呢？因为家长和老师是成人，思维成熟，我们是爱他的人，听我们的话就能少走弯路。孩子要听大人的话，那大人要听谁的呢？俗话说，“不听老人言，吃亏在眼前”，又说“长辈吃的盐比晚辈吃的米还多”。老人的经验、学识、见闻、人情世故等都非晚辈可比，听长辈的话意味着少碰壁、少走弯路，成功的可能性会大些。我们读圣贤文章当然也是因为我们的先祖是智者，听他们的话我们也能少走弯路。

今天的工作很顺利，回家的时间比我预想的早，原因是我换了相处的模式，开始听孩子的话，如果他不说我也可能这么做，但是他先说出来了，而我又确实是按照他说的去做的——因为他说的对啊！我意识到，孩子已经长大了，我们之间的相处不知不觉间发生了变化，而他不自觉地开始指挥我，也意味着他也知道自己长大了。

在许多家长心目中，评价孩子好不好的首要标准是“听不听话”。听话，则是好孩子；不听话，则不是好孩子。我们经常听到家长这样说：“这是个好孩子，真听话。”“那孩子不好，真不听话。”殊不知，这是一种错误的相处模式，孩子只知道“听话”，就会淹没个性，阻碍其创造能力的发展，因而对孩子成才不利。再说，有时候听大人的话未必就对，不听大人的话未必就错。

人生的路最终要靠自己去走，父母既不能代步，也不可能陪着走完全程。因而更多的时候需要自己去思考，自己拿主意，自己做决定，自己去执行，自己去担当。而习惯了听话，习惯了被人指导的孩子，突然有一天父母没有能力指导他了，就会束手无策，无法应对变化无穷的生活。因此，也有人说“总听了老人言，吃亏在长远”，这话也有一定的道理。

教育家陶行知先生曾提出教育孩子的六大主张：“解放儿童的头脑，使其从道德、成见、幻想中解放出来；解放儿童的双手，使其从这也不许动，那也不许动的束缚中解放出来；解放儿童的嘴巴，使其有提问的自由，从不许多说话中解放出来；解放儿童的空间，使其接触大自然、大社会，从鸟笼似的学校中解放出来；解放儿童的时间，不过紧安排，从过分的考试制度下解放出来；给予民主生活和自觉纪律，因材施教。”我们应该从自己做起，努力实践陶行知先生的主张，不把“听话”作为评价好孩子的标准，因为新世纪对人才最鲜明的要求是会“创造”，而带着锁链是难以创造的。

（2012年3月30日）

4. 与同学相处

福子是奕铭高中同学也是好朋友，一个非常优秀的孩子，福子家在农村恰好和奕铭妈妈同乡。高中学习比较紧张，福子周末来不及回家就到我家里来。福子的家庭条件不是很好但她学习很用功，高考以优异成绩被上海第二军医大学录取，奕铭则考入了东北农业大学。

大学的学习生活并不像有些高中学生想象中的那么轻松，尤其是军医大学学习任务很重还要参加每天的训练，福子的训练很辛苦，但她又舍不得在吃上花钱，开学一个多月瘦了不少。奕铭和福子视频之后，很是心疼朋友，于是买了一些“农大”红肠和酸奶邮寄给福子。我知道这件事情之后非常高兴，虽然东西不多但从这件事能看出奕铭是真正的关心同学，能尽自己的力量帮助他人。

能陪伴我们一生的不是父母而是兄弟姐妹和朋友，这一代的独生子女由于父母甚至祖父母的过度溺爱，他们很少知道和愿意关心别人。“爱人者人恒爱之”，你不爱他人，他人也不会爱你；在同学交往中很多父母怕孩子吃亏，其实谁也不傻，最大的自私是无私，只有我们待人以诚，人家才会对我们以诚相待。胸怀天下的是天子，胸怀百姓疾苦的是总理，心胸狭隘的是小人。“一分付出一分收获”，劳动是这样，交朋友也是这样，你想让别人怎样对待自己就首先怎样对待别人，正所谓“己所不欲勿施于人”。

在我们个人的成长道路上，和我们结伴而行一起成长的是同学，我们应该珍惜同学友情，在成长的过程中喜怒哀乐在所难免，过程中有过的摩擦和矛盾都将成为美好的回忆。孩子之间出现矛盾很正常，就怕孩子自己都无所谓了，家长却不依不饶非要论个你对我错，可能你有理但孩子却失去了友谊。

收获友谊并不难，真心为班集体做些事情，不只是为了别人，也是为了集体和自己。对于有困难的同学给予积极帮助，帮助同学不能为了回报，如果你“太精”“太实惠”，大家自然就要疏远你了。

“物以类聚，人以群分”，我们的能力水平和道德修养决定了我们的朋友圈。博士的朋友圈中有很多博士，企业家的朋友圈中有很多企业家，我们当老师的通讯录中很多都是老师。我们需要通过学习不断提升自我，因为朋友需要和我们有共同语言能聊得来，优秀的朋友需要我们也同样优秀。

口是心非、虚伪傲慢的人是难有真正朋友的，“得道多助，失道寡助”，只要我们愿意付出，我们的朋友就能遍天下。

5. 与长辈相处

中国北方称祖父母为爷爷、奶奶，称外祖父母为姥爷、姥姥。著名节目主持人倪萍写了一本书《姥姥语录》，详细写下了姥姥对自己的影响。奕铭的爷爷、奶奶在外地农村，姥姥、姥爷在本地农村，对奕铭影响最大的是他姥姥。

在外地朋友的印象中东北人普遍长得比较高大，而奕铭的姥姥是东北农村妇女中的大个，姥姥不仅个大，手大脚也大，买鞋买不到合适的；年轻的时候自己纳鞋底做鞋，年纪大了儿女给买的鞋也几乎都是男款鞋。姥姥和一般的农村妇女不同，农村妇女一般是东家长李家短的喜欢唠闲嗑，但你看到姥姥的时候永远是在干活，屋里屋外永远有干不完的活。姥姥特别的理性，平时不太愿意说话，但说出来的话都是经过思考的，妻子和妻弟都很怕她，而亲戚邻居则非常敬重姥姥。农村中谁家婆媳不和有了家庭矛盾都愿意找姥姥解决，姥姥没有上过几天学，不认识几个字，但姥姥明事理，外甥侄子等后辈都念姥姥的好。姥姥年纪大了，我们把姥姥姥爷接到城里来住，房子在火车站旁边，凡是农村亲属或是老乡无论是外出还是回来，姥姥家里就成了临时旅馆，姥姥姥爷总是给乡亲做点好吃的，无论多晚都要送到火车站，用姥姥的话说，农村人出趟门不容易，能帮咱就帮一帮。

姥姥喜欢奕铭，奕铭也喜欢姥姥，奕铭和姥姥的感情很深。奕铭小时候每年都要到农村姥姥家住上一段时间，姥姥护着他但并不溺爱，奕铭有很多性格像姥姥，奕铭和姥姥有着说不完的话。

我们这里的习俗是过农历的生日，奕铭姥姥的生日是农历十月二十，大概是公历12月份，这时的天气很冷了，零下十几度或零下二十几度。高中学习十分紧张，整个高中三年每两周的周六周日才休息一次。无论学习有多忙，姥姥的生日奕铭是一定记得的，姥姥搬进了城里，学校距离姥姥家十多里地，早上奕铭利用课间休息时间在学校附近订了一个大蛋糕，中午放学把蛋糕取回来送到姥姥家，亲口说一声："姥姥生日快乐。"然后匆匆回到学校，由于午休的时间很短，奕铭错过了午饭时间。

我自己每年过生日带上妻子、孩子和弟弟妹妹们请爸爸妈妈吃顿晚饭，给父母买点他们需要却舍不得买的东西。奕铭过生日从来没有要礼物的习惯，往往是我送他一张卡片祝贺他又长大一岁。我们经常和孩子说，儿的生日是娘的难日，过生日不能忘了娘。

在家庭教育中影响孩子成长的不仅仅是父母，还有生活在孩子身边的祖父母、外祖父母。用奕铭的话说，姥姥有主见很理性，做事公平，姥姥对外孙子和孙子同样的好，奕铭由于经常照顾表弟而得到姥姥更多的表扬。姥姥平时家务活很多，但只要奕铭找姥姥，姥姥总是能停下手中的活陪他，农村睡觉早，奕铭睡得晚一些，晚上睡前平时不玩牌的姥姥就陪着奕铭玩扑克牌，奕铭学姥姥拿牌的方式拿牌却总也学不会，后来发现是因为自己的手太小。

奕铭上大学了，无情的病魔把姥姥按在了轮椅上，姥姥说不出话来了。姥姥去省城看病，所有的跑腿活都是奕铭完成的，奕铭第一次在电话里因为我给姥姥看病汇款错误而在电话里跟我发火。在病房里奕铭哄姥姥开心，离开姥姥奕铭跑到没人的地方抽泣；奕铭从学校回来看姥姥，姥姥见了奕铭是满脸的泪水；不再是姥姥抱奕铭了，奕铭抱着姥姥上轮椅，推着姥姥出去晒太阳，奕铭把学校里发生的故事讲给姥姥听，姥姥笑眯眯地听着。

细细想来，子女与长辈们的相处大概都是这样吧！小时候强势的一方终究被时间吹走了精力与青春，弱势的一方终会长大成人，扛起家族的脊梁，周而复始。就在这一次又一次的相处与轮回间，我们的时代、他们的时代，一同组成了一代又一代人的生命足迹。

6.与我的相处(日记)

晚上去接孩子，发现孩子的肩上多了一个书包。学校下课时已经是夜里10点了，每天回家简单洗漱一下就睡了，平时他是不背书包的。

“今天怎么背书包了?”我好奇地问。

“我给你买的书还有吃的，给你的生日礼物。”

我想起来了，早上妻子告诉孩子：“今天是你爸爸的生日。”明明早上我已经告诉他不要给我买任何东西，但此时的心里确实很幸福。

孩子是很有心的人，每年我的生日总会送我一些小礼物，有时是一个本，有时是一支笔，当然都是他认为的好东西。孩子很喜欢读书，我也喜欢。与其说是我带动他读书倒不如说是他带动了我。他读高中了，平时读的书比我多了，尤其是一些经典。他曾经把《山海经》读完后把他认为我应该读的内容的页码折上，嘱咐我去读，以节约我的时间。回到家里打开书包，拿出是两本书，一本是《欧·亨利小说集》，另一本是《拍案惊奇》；还有一盒桃酥和一袋沈阳特产糖果“不老林”。

他是动了很多心思的。我一直在学习写作，尤其是写诗歌，上个月我的一首小诗被刊登在《乡土诗人》杂志上。他说：“你说你喜欢欧·亨利的文章，我给你买回来了，还有闲暇时看看《拍案惊奇》能帮你放松一下。”我早已经忘记我曾经说过喜欢欧·亨利，但孩子却记着。桃酥确实是我喜欢的零食，而我在校刊中用的笔名就是“不老林”!

我很感动，妻子也说我们的孩子培养是成功的。最起码是一个孝顺、重感情的人。现在的家长和老师关注的都是孩子的学习成绩，而比学习成绩重要得多的是一个人的道德修养。如果人都做不好，做什么能成功呢？做人比做什么都难！只有先学会做人才能会做事，但很多人急功近利而忽略了最重要的东西。

孩子马上高三了，明年就要参加高考了，这几天的学习劲头很足。因为他明白什么时候该干什么事。

（2012年6月17日）

2012年父亲节孩子写给我的诗

感怀诗

数载光阴奔波忙，蓦然镜里鬓上霜。
儿童不比花解语，惟将金榜奉高堂。

祝寿诗

孤灯冷月微风问，红灯金火半边天。
不求千秋万纪寿，只愿此生父心安。

第七章　也得管管

“人之初，性本善；苟不教，性乃迁。”孩子来到这个世界一无所知，在家长和老师的引领下不断成长，家长、老师的一言一行无时无刻不在影响着孩子，尤其是家长对孩子的影响更大。现代心理学认为成年人的很多做法与他原生家庭有关。历史上有孟母三迁的故事，于是有了亚圣孟子。

1.有意注意和无意注意

孩子来到了这个世界，对一切新鲜事物都感兴趣，这是孩子的天性，但孩子往往只对他感兴趣的事愿意投入精力。任何一件工作的深入研究和学习，都不是只凭兴趣能完成的，除非让工作和生活变得有趣。热爱学习的人认为学习是快乐的，喜欢运动的人认为运动是快乐的，喜欢美食的人认为吃是快乐的。如果喜欢研究，在别人眼中枯燥的研究工作也能成为一种享受。

一个对工作热爱的人会投入更多的精力，集中所有的注意力来完成。我们发现孩子学习搞不好的很大原因是注意力不集中，而年龄越小的孩子注意力集中的时间越短。“注意”有两种：有意注意和无意注意。刻意去背诵一些知识是有意注意，而不经意间发现别人发现不了的现象依靠的则是无意注意。无意注意是由刺激物的特点和我们有直接感兴趣的事物所引起的。凡是我们有直接兴趣的事物，往往都能引起我们的注意。一个热爱自己工作的人，他对有关工作的一切事物都会觉得有兴趣，都会注意它。那些与一个人已有知识有联系的事物以及能增进一个人新知识的事物，更容易引起这个人的注意。

注意力集中是成功的关键，而注意力集中需要兴趣。奕铭很小的时候就知道《小猫钓鱼》的故事，而且能绘声绘色地讲给小朋友听。在树林旁边，有一条小河，河里有许多鱼在水里游来游去。一天早上，猫妈妈带着小猫到小河边去钓鱼。他们刚刚坐下，一只蜻蜓飞来了，蜻蜓真好玩，飞来飞去像架小飞机。小猫看了真喜欢，放下钓鱼竿，就去捉蜻蜓。蜻蜓飞走了，小猫没捉着，空着手回到了河边，一看，猫妈妈钓到了一条大鱼。小猫又坐到河边钓鱼，一只蝴蝶飞来了，蝴蝶真美丽。小猫看了真喜欢，放下钓鱼竿，又去捉蝴蝶。蝴蝶飞走了，小猫又没捉着，空着手回到了河边，一看，猫妈妈又钓了一条大鱼。小猫说：“真气人，我怎么一条小鱼都钓不着？”猫妈妈看了看小猫，说：“钓鱼就要一心一意，不能三心二意。你一会儿捉蜻蜓，一会儿捉蝴蝶，怎么能钓着鱼呢？”小猫听了猫妈妈的话很难为情，开始一心一意地钓鱼了。蜻蜓又飞来了，蝴蝶也飞来了，小猫就像没看见一样，一步也没走开。不一会儿，嗨！钓竿上的线往下沉，钓竿也动起来啦！小猫使劲把钓竿往上提，“哎哟！”一条大鱼钓上来啦！鱼摔在地上，噼噼啪啪地乱蹦乱跳，小猫赶紧捉住大鱼，高兴地喊了起来：“我钓到大鱼啦！我钓到大鱼啦！”后来，猫妈妈和小猫一起拎着钓到的鱼，高高兴兴地回家了。

需要学习的知识绝不仅仅在书本上，课堂也不仅仅在学校。有人说“当孩子意识到被教育时，教育已经失败了”，教育在日常生活中，在父子间、母女间的一言一行中。傍晚三口人出去转了一圈，回到家里，我问：“我们路上一共遇到了几个熟人？都是谁呢？”奕铭看着我，告诉我：“我们一共遇到了三个熟人，他们和我们打了招呼。”仔细想了想之后，继续说：“他们是我李叔、王姨和一个我不知道名字的叔叔。”大一些之后问题的难度也在增加，“我们刚才经过的商店叫什么名字？”“刚刚我们买了一支笔，旁边的本子也不错啊，多少钱？”有的他能很快地告诉我，有的经过思考后告诉我，当然也有没注意到的。我希望无论是我们自己还是孩子都能够善于发现别人没有发现的，善于观察和思考，成为一个有心人。

我们处在一个信息社会，大量的信息中有些是有用的而很多却是无用的，我希望孩子能够从大量的信息中筛选出对自己有用的信息来。奕铭在读硕士期间做的一些实验往往是师兄师姐们之前做过的。他的导师告诉我，同样的实验奕铭总是能发现一些不同的地方，老师认为他很适合做研究工作。我想这和小时候的有意注意和无意注意的训练也许有关吧。

2. 吓唬

吓唬又叫做恐吓，吓唬在中国是有历史传统的，古代的帝王为了吓唬老百姓，无时不在刻意修饰神化自己，表明自己权力的“君权神授”，自己乃真龙天子——君主是天神的儿子或者化身，百姓需要无条件服从。统治者利用百姓对自然的敬畏，告诉百姓如果不服从管理，会受到老天的惩罚，帝王们是在替天行道。这种管理方法也被家长们借鉴来，用于管理自己的孩子。我小时候在农村长大，父母没有读过多少书，对我们的早期教育比较简单，我记得我们兄弟如果哭闹，妈妈会说："别哭了啊，再哭，外面的大马猴子来了把你抱走。"一般情况下我们便不敢继续哭了。我们没有见过大马猴，由于妈妈总在我们不听话的时候提到大马猴，于是在我们兄弟的脑海中大马猴是个比较可怕的存在。在我们上学的时候成绩下滑了，妈妈会说："一定要好好学习啊，不好好学习将来就得要饭。"在我们的心里靠人施舍是可耻的，自食其力才光荣。如今七十多岁的妈妈仍然要告诉我注意安全，外面坏人多等等以此让我注意。

奕铭小时候也没能逃脱这样的管理，虽然我们也算是知识分子。幼儿时期奕铭妈妈常说的是："儿子听话，不听话妈妈就不要你了。"奕铭因为担心妈妈丢弃他，就表现得很听话的样子，现在想想，这并不对。我们应该在给孩子讲故事时告诉孩子，做坏事会收到惩罚，做好事能得到表扬，通过一些神话故事或历史故事来到达教育的目的，让孩子有所畏惧。

奕铭上了小学以后，虽然很调皮但喜欢读书、学习，小孩子难免犯错误，奕铭妈妈脾气比较急，作业写得不规范，妈妈马上就火了："作业写的什么呀？别念了！"奕铭很紧张，"妈妈，我好好写。"考试成绩下来了，妈妈又来了："得这么点分还念什么呀，别念了。"奕铭很紧张，低头不敢说话。时间总是在不经意间溜走，你还没有准备好，奕铭就已经和妈妈一样高了，到了小学六年级，妈妈仍然急躁，仍然把"别念了"挂在嘴边。一天妈妈没在家，奕铭和我说："爸爸，你说我妈天天说不让我念了，那我就不念了吧。"我很认真地说："儿子，你可以不念，你倒是没什么，我完了，你知道国家在控辍保学吗，咱家可不能违反义务教育法啊，而且我还指望你出息呢，妈妈只是吓唬你而已，你不能当真啊。"奕铭回答我："我当然知道我妈是在吓唬我，可是总这么说多没劲啊。"

孩子小的时候对事物的判断能力有限，对父母充满着依赖，很听父母和老师的话。随着年龄的增长孩子有了自己的思想和判断，如果还是用同一套办法来管理孩子肯定是不行的。我和奕铭妈妈聊了聊，决定从此以后不能拿不让孩子上学这件事来吓唬孩子了。

3.为孩子的成绩提升做点什么

和一些家长聊天，经常听到这样的话，我家孩子小学时学得可好了，怎么到了初中就不行了呢？或者是我家孩子小学初中学习都不错，怎么到了高中就被落下了呢？在一个人十几年的学习生活中不可能永远第一，成绩出现起伏是很正常的，孩子在遇到困难的时候要有战胜困难的勇气和决心，更要有战胜困难的方法。

奕铭在小学阶段属于后起之秀，前三年成绩平平，到了四五年级基本在班级都是第一了。进入初中在班级中等偏上，从来没有考过第一，尤其是进入初三，开始学习物理和化学以后，他的成绩只能算是班级中等。我们这里初中的物理和化学是初三才开始学，而且只学习一年，两科中考各70分，满分是140分计入总成绩。时间很紧，学习的进度也快，很多孩子的物理和化学成绩都不好，奕铭也不例外。距离中考还有100天的三月份模拟考试，奕铭的物理是37分，化学是41分，学校召开家长座谈会分析成绩，班主任老师认为如果不能尽快提高理化成绩，奕铭很可能是考不上重点高中的。

提高物理和化学成绩成为了我们家的首要任务，在这种情况下很多家长首先想到的是找家教，但孩子放学时间很晚，周六周日几乎不休息，初三的老师和学生一起为中考而拼，老师也很忙，很难找到合适的老师。最了解孩子的一定是我，我决定帮他做点什么。晚上放学回来，在奕铭写作业的时候我翻看孩子的笔记、教材和试卷，看看能发现什么。初中的物理和化学还是偏重记忆的，知识点并不多，只是孩子刚刚接触一门新课还不适应，奕铭又不喜欢死记硬背，我利用网络把初中化学的基础知识找了出来，每天接他之前我要准备几个有趣的问题，如液体的颜色、气体的颜色、初中化学常见物质俗称以及主要的化学反应方程式，还有物理中常用的重要数值、常用的物理公式，等等。我俩在路上边走边聊天，十几分钟的路程聊了很多知识点，我问他答，遇到拿不准或是忘记的马上回到家找书看。到家以后，他忙着写作业，我也不闲着，把他学习中错误的地方我要重新抄录让他来个二次答卷。

我告诉奕铭我们的做法肯定出成绩，25天以后的学校考试，物理化学同时超过50分，名次也大幅度提升，这个结果比我想象的还要好。进入了往常能够被重点高中录取的成绩排名，在六月的中考中奕铭物理得了62分，化学得了63分，不但考上了重点高中而且进入了重点班。

奕铭遇到的是非常普遍的情况，我所遇到的家长要么批评指责，要么简单地告诉孩子好好学。孩子怎么学是好好学？孩子不清楚，家长也不知道。还有些家长寄希望于老师，告诉老师好好管理，不行就打孩子，如果打骂孩子能成才，我们就不用研究教育，只研究打骂就好了。我和奕铭学习理化的过程使他对我产生了信任，在以后的学习中遇到困难他也愿意和我研究一下，希望我能给一些建议。陪伴学习的过程也成了亲子互动的过程，我顺带把自己过去学过的知识回顾了一下。

4. 孩子中考

天气从来没有这样热过，北方的黑龙江一直是夏季避暑的胜地。可今天的温度达到37度，预报明天是38度，晚间的温度是24度，而这两天可是中考的日子，太热了。

早起开车到考点，学校门口已经来了许多家长和学生，打开车门一股热浪迎面袭来。下车找到一片树荫仍然是热，我好奇地用手摸一下地面，地面都是热的。家长和老师挤在门口更增加了热度。学校附近有警察站岗，距离学校大约50米竖着一个牌子：“限速30km，禁止鸣喇叭”。在学校门口站了一会，感觉确实没有再待在这里的必要，我就回家吹风扇了。

距离考试结束还有30分钟，我已在离开家去往考场的路上了，车内空调调到二挡感觉舒服了很多，到了考点看到那么多的家长仍在学校门口周围没有回去，还看到了同事李老师也在，他顶着一张宣传单，踮着脚尖向学校内张望，焦急写在脸上。他家虽离这里不远，但还是租了一间房子，为女儿提供中午临时休息的场所，目的只是为了能够让孩子休息得更好一些。

考试结束的铃声终于响了，学校的大门徐徐打开，家长们再也按捺不住向校门口拥去。我想：这些家长大概是怕自己的孩子被别人领走吧。远处的学子们神色不一地走出来，也算是乱中有序。终于看到奕铭了，他也看到了我，我们从人群的缝隙中钻出来回到车里。我一句也没敢问，倒是他首先说话了：“我语文的选择全对了，本来我不想和同学们对答案的，但他们说的还是让我听到了。”我回答“很好”之后，抓住烫手的方向盘开车回家了。

中午的午餐还是很丰富的，我们这里的骨里香牛肉很出名，香肠也不错。高高兴兴吃完饭后孩子冲了凉便午睡了，下午去考场的路上，我把以前说过的话拾起来重复着，孩子也把过去曾经说过的“知道了”重复着，到了目的地我就回来了。我无法忍受这酷热和无聊的等待，我怕我的心神不定干扰孩子答题，我需要静下心来做我喜欢的事情，我相信我自己的愉悦能影响到孩子的心情。

下午的综合学科有一定的难度，结束回家的路上，我又把“你不会，别人也不一定会，最后比较的还是名次”等大道理又讲了一遍，孩子虽然嘴上说着："你就安慰我"，但从表情看得出他已经放下了，能够把心思收回来准备明天的考试了。吃完晚饭，三口人到广场走了走，说着开心的事情，有一句没一句地闲聊着，大家都很高兴，晚上我们一块儿看了一会电视，他就去准备明天的外语考试了。

这一夜孩子休息得很好，我是在听到孩子的鼾声才去休息的，虽然他并不知道。早上起来我们都很精神，妈妈把冻成冰的水用手巾包上，放在塑料口袋里，认真检查了一遍随身携带物品后，我们出发了。中午接孩子的时候，看到了班主任李老师，李老师说："如果他不马虎，没问题。"我也知道没问题，但考试没有结束，成绩没有出来之前，虽然明知担心没有用，但却是我们唯一能做的了。向校门外走的学生越来越少了，李老师告诉我，孩子早出去了。

终于所有的考试都结束了，我也终于可以问问他考得怎样了，奕铭告诉我说："如果语文能够得到90分，那我就能得430分。"我知道如果得到430分那就意味着能够考上兆中（当地最好的高中）公费了，这是我们的心愿啊。

半个月以后中考成绩出来了，奕铭文化课得了439分，如愿考入了自己理想的学校。

5.海边对话

我家三口人第一次出去旅游是2004年的暑假期间，奕铭读小学三年级，当时出去旅游绝对是件很奢侈的事儿。我们一共三家九口人结伴去大连，我们三家都是第一次出去玩，为了方便找了一个当地旅行社，说好的导游和司机带着我们九个人玩两天。很快我们就发现导游喜欢带着我们去购物和到比较偏僻的景点，导游建议我们一定要去他介绍的地方。同行的朋友知道导游是为了多挣我们点钱，反对导游介绍的地方，坚持去我们自己想去的地方，导游很不高兴，言语中就有些不客气，我们同行的大姐通过朋友介绍自己制定了旅行线路，但导游根本不同意，还让我们支持他的工作。我们出来消费来旅游，怎么变成支持导游工作了？同行的大姐脾气很火爆，就和导游吵了起来，虽然我们到达了目的地，但玩的心情大打折扣。现在想想，当时的导游也不容易，好在现在的旅游环境已经和十几年前大不相同，旅行体验也更加良好了。

本来计划到海边去海底世界的，但我已经没有了心情，我们三个人决定自己在海边玩玩。我们家三口人坐在海边沙滩上看着人来人往，让海水冲冲脚感觉非常舒服。大海很奇妙，不快的心情很快就被海浪冲走，坐在海边的大石头上吹着海风，我和奕铭聊了起来："有的人小时候生活在农村或是大山里，长大以后走遍世界各地；有的人小时候跟着父母去过很多地方，长大以后为了生活每日忙于工作，没钱没时间哪也去不了，当他年纪大了的时候只能是回忆小时候的事情了。""爸爸，我明白你的意思，你放心吧，我将来可以想去哪里就去哪里。"我们聊了很多，聊了我小时候的生活和学习情况，他也聊了自己在学校发生的故事，自己的囧事，高兴的和不高兴的，通过这次谈话我发现一个小学三年级的孩子已经有自己的观点了，他在慢慢地长大。

随着家庭经济条件的好转，后来我们利用寒暑假多次出去旅游，俗话说"读万卷书不如行万里路，行万里路不如阅人无数！"一个固定不变的环境中，它限制你的想象，见得多，才能识得广。带小孩去不同的地方，见识各种各样的自然风光，了解各种各样的人情世故，品尝当地的风味小吃，让他知道除了自己的生活圈，在广阔的土地上，还有很多别的风景，很多过着和自己完全不一样生活的人。了解多了以后，知道世界具有千面性，不会因为你而改变，没有什么完全按照自己的想法来的，自己心胸会更宽广，更能包容他人。随着孩子慢慢长大我们三口人出去的时候奕铭的背包也越来越大的，我们换一个环境进行沟通和在家里完全不一样，人在比较愉快放松的环境中更容易听取他人的意见，旅行过程中我们互相照顾共同面对困难也共同品尝美食。后来干脆我们两个大人什么都不管，一切都听奕铭的安排，等到奕铭上了大学，他就自己背着包开始各地旅行。

错过不是错

（兆麟高中　高一　张奕铭）

错过不是错，错过了朝阳，晚霞依旧耀眼；错过了晚霞，皎洁的明月依旧高悬；错过了明月，依旧有璀璨的群星闪耀；错过了群星，安静的独行也未尝不是一种美丽。所以说错过不是错，错过只不过是上帝关上了一扇门，而让你自己去寻找另一个洒满阳光的窗罢了。

世人皆为错过而叹息，却不知在你惋惜错过的机遇时又有几多机遇在叹息中溜走？其实错过不是错，而是经验教训以及告诉你该关注周围的事物了。

错过不是错，错过往往意味着另一份大礼的到来。罗琳错过了开往伦敦的火车，于是她便在空旷的车站中闲逛。当她无意间看到一位披着长袍的小巫师向她微笑时，天才的灵感与眼前的场景激烈碰撞，于是在一家小咖啡馆中不朽的著作《哈利·波特》诞生了！由此可见，塞翁失马，焉知非福，错过也未必便是错。

错过不是错，错过在智者手中是一份警醒。细细咀嚼这错过的苦果，你终能在怅惘中升出省悟，甚至孕育出诗意与哲理，使你的人生更有深度，使你的心灵更添光彩。不经历风雨怎能见彩虹？没有天空的历练，雏鹰岂能搏击蓝天？没有对一次错过的痛苦，又怎能重视接下来的一次又一次的机遇？错过不是错，一次的错过是让你以后永远不再错过。

错过不是错，而是一份沉甸甸的收获。也许你为了一路的风景而错过了预定的到站，但难道这一路无限美丽的风光就一定不及那份成功吗？这些年有很多人愿意步行去五台山山顶吃斋饭，可重要的是吃斋饭吗？不，斋饭哪都能吃到，人们之所以这样做为的却是那一路的风光与经历了一番磨砺的向佛之心。错过不是错，而是收获了更大的感悟。

错过不是错，而是静心的机会。“国家不幸诗家幸，泪到沧桑语始工。”若不是李煜错过了治理国家的大好时机，那今天又怎么能有那些脍炙人口的篇章？由此可见，错过不是错。

错过不是错，只要你善于挖掘自己感悟身边的一切事，错过不过是一份沉重的大礼罢了，何况，错过的已经过去，我们又怎可去“欲穷途之哭”？只要你能够抓紧现在，那么一切的错过都不是错。

6. 孩子，你没有错

我们这里很多学校在学期结束之前学生都要搞问卷调查，调查学生对任课教师的满意度，给学校和老师提出意见和建议。管理者的出发点是好的，希望通过学生的视角，让老师知道学生的需要和要求，以更好地为学生服务。但是有的学校把学生对教师的满意度转换成分数，用于对教师的考核，把教师的福利和评优甚至是晋升职称联系起来，弄得教师很紧张。

奕铭所在的小学也搞这样的学生问卷，就是因为这样的问卷，我被孩子的班主任请到了学校。原因很简单，在给班主任老师的问卷中，他读完问卷的要求后，因为老师占课，填写的是不满意。老师参加工作没有几年，工作热情很高工作也很负责，而奕铭是班长，她很喜欢奕铭，奕铭对老师不满意，老师自然感觉很委屈。搞问卷的是学校的副校长，当时班主任老师也没有回避，就在现场，这让老师很尴尬。老师很困惑，于是我被老师叫到了学校。

向老师表达了歉意之后，把孩子领回了家。路上奕铭一声不吭，我也没有说什么。大家情绪都不高的时候，是不适合解决问题的。到了家里放下书包以后，我心平气和地问奕铭："今天到底发生了什么？你不是一直都说老师很好吗？""是啊，我没说老师不好啊。"他的声音明显高了起来，"爸爸，是这样的，校长发给我们问卷的时候让我们如实写，那我就如实写了。我们的体育课，陈老师让我们学习数学，思想课也经常改成数学，一学期了，思想课根本就没上几节，我说的都是实话啊！老师批评我说我错了，可是我认为我说的是实话，我没有错，爸爸，我错了吗？"孩子的眼泪就在眼圈中，他渴望着我的回答。我用手搭在他的肩上，郑重地告诉他："儿子，你没有错！"

我绝对不可能让孩子和老师对着干的。我们一直教育孩子说实话，不许孩子说谎。家长和老师是孩子的榜样，"身教胜于言教"，可是由于我们成人多了一份世故和圆滑，知道说实话会得罪人，于是我们在有意无意间当面说好话，背后说别人的坏话。慢慢地，孩子也学会了像我们一样开始说谎，我们又开始不满意孩子，殊不知孩子不都是跟我们学会的吗。陶行知先生告诉我们"千教万教教人求真，千学万学学做真人"，老子在道德经中也提到做人的最高境界为"复归于婴孩"。孩子能够有自己的想法，而不盲从于成人是多么的难能可贵！科学的发展和历史的进步不都是打破原有的规矩坚持自己的观点而来的吗？家长人前一套背后一套，老师在公开教学前先给学生上一遍，等到领导来的时候表演给大家看，孩子看在眼里记在心中，于是效仿。孩子是天真的，不会生来就说谎。他们之所以会不说真话，就是因为有一些教师和家长在误导孩子。如果孩子说了真话，老师和家长听了不高兴，甚至给予惩罚，孩子在作文中胡编“父母生病”“见义勇为”，老师给予廉价的高分——孩子说了谎，老师和家长不做调查，反而信以为真。如此教育，我们怎能培养出敢讲真话的孩子呢?

三年级结束，班主任陈老师休产假了，孩子们得知陈老师下学期不来给他们上课的时候，整个班级都泣不成声，甚至惊动了校长，奕铭放学回到家眼睛还是红肿的。

孩子是爱老师的，老师也爱孩子。这件事过去了十几年，如果今天发生同样的事情，我仍然要告诉孩子们，“孩子，你说的是真话，你没有错!”

7.从零花钱说起

又到了一年一度的新春佳节，春节最高兴的是老人和孩子。老人盼望着远方的孩子回家过年，孩子则盼望着更多的压岁钱。有的孩子的压岁钱还没被捂热就被父母收起来了，说是替孩子保管，但孩子知道这个钱已经不属于他了。奕铭小的时候压岁钱我们也替他保管过，主要是怕小孩子贪玩弄丢了。等过完年我带他到银行把钱存起来，告诉他利息是多少，让他知道到期把钱取出来时钱可以生钱，钱会增加。

孩子在小学阶段的语文课认识了钱币和圆角分，数学课里也有关于买卖的应用题计算，当孩子真正开始用钱买东西以后，会对钱产生很浓厚的兴趣。奕铭小学的时候，我们每天都要给他一两块钱，当时学校没有桶装水，需要买水喝或是夏天买个冰棒冷饮之类的。随着孩子年龄的增加，零花钱的数量也在增加，但我发现无论给他几块钱晚上回家都会花光。

《儿童画报》中有很多关于小动物储藏粮食过冬的故事，我和奕铭专门研究了一下故事中的小松鼠为什么要存食物的问题。孩子很容易就把问题说明白，小松鼠存下了粮食就不怕冬天没有吃的了。可是我们如果渴了饿了或是要坐公交车怎么办？这些问题钱能解决，我们需要手头有一些钱。当这些问题经过孩子自己想明白之后，我告诉他：父母给他钱的意义在于应付一些情况，例如缺少了本子可以在学校买，饿了可以买吃的，放学了父母没有时间接自己，可以坐公共汽车回家……这些都是需要钱的，如果没有钱，遇到问题就没有办法解决。爸爸妈妈给钱由自己支配是对自己的信任，对于自己来说要学会该花的钱一定要花，不该花的就不花，保证自己总是有钱。

孩子开始合理支配自己的零花钱就像支配自己的时间一样，奕铭有自己的存折也有自己的储蓄罐，他可以按照自己的意愿给长辈买礼物，买自己喜欢的书。高中大部分时间在学校，费用完全是他自己掌握了，高中三年，购买心仪的书刊是他必要的开支。上了大学之后开始我是按月给他生活费，支出中除了必要的生活用品以外他还给自己买了电脑、手机，自己报团参加旅游。后来我干脆把一学期的费用一次性给他，等到学期末他往往还有结余。等到奕铭读研究生以后开始有了奖学金，他的第一笔奖学金给我买了一块手表，每次回家给亲戚带些礼物，每年春节给姥姥姥爷和爷爷奶奶包个红包，除了必要的支出外，他还买了一些理财产品，并赚了一些钱。

我不赞成有的朋友家孩子需要通过做家务获得零花钱，在我们家里做家务是应该的，自己的事情就应该自己完成，帮助大人做力所能及的事儿也是应该的，一家人就应该互相帮助。在家里感情大于一切而不是金钱大于一切，避免把“劳动=金钱”的错误观念带入到家庭和社会生活中，比如生活中遇到朋友需要帮助，孩子会第一时间想自己能得到什么好处，这样的孩子无疑会受到孤立，靠金钱来支撑的劳动意识不会走得很远。我们得到他人的帮助是幸福的，帮助他人时是快乐的。

金钱可以满足我们的很多欲望，而人的欲望是无止境的。想让孩子过得幸福一点，这种动机可以理解，但多给孩子钱的行为不可取——孩子该吃的苦一定要吃，不能无条件地满足孩子的要求，无条件的满足会让孩子误以为挣钱很容易，把父母当作“自动取款机”，弱化了孩子的理财能力和生活自理能力。过多的零花钱，如果家长不引导孩子合理消费，孩子就会铺张浪费、摆阔、攀比。如今学校要求统一穿校服，但仍存在有的孩子家庭条件一般却穿着几千块钱鞋子的情况，助长了孩子的虚荣。

孩子也需要尊重，父母在尊重孩子自主拥有零花钱的基础上，提一些建议是可以的，但如果父母管得过严，孩子买什么东西都要听父母的，那么孩子不过是一只“储蓄罐”，完全失去了利用零花钱来培养其精明消费和理财的能力。孩子在用零花钱上走一些弯路，也是让其积累经验的必由之路，无论如何他们都会从中学习到一些东西。在孩子准备一次较大的消费行为前，家长可以传授一些对价格、性能等先做研究比较的经验，也可以列举用这笔钱还可以购买的其他可以替代的商品，然后由孩子决定到底应该买哪个。向他们解释储蓄和利息的关系，很快他们就会意识到习惯性的储蓄能为他们带来更多的零花钱。

“身教胜于言教”“喊破嗓子不如做出样子”，孩子花钱的习惯大多是和大人学的，大人不乱花钱，多数孩子也会养成节约的习惯，看到大人花钱大手大脚，会让孩子觉得钱有的是。理财是人生的重要一课，越早开始越好。让孩子学会支配金钱、支配时间，明白通过劳动获得财富，从而爱惜自己和他人的劳动成果，培养孩子的理财能力。

8.没有秘密

奕铭小学没有上我们铁路子弟小学，而是上了离家最近的第十小学，初中的时候考上了我们当地家长和学生评价最好的兆麟初中。在奕铭读到初二的时候，奕铭妈妈被调到兆麟初中，于是奕铭和妈妈在一个学校了。

奕铭和妈妈在一个学校的好处很多，早上我开车把他们两个人一起送到学校，下班再把两个人一起接回家，节约了时间和交通费。奕铭的老师自然也是奕铭妈妈的同事，特别是班主任李老师和奕铭妈妈在一个办公室，奕铭妈妈打招呼希望李老师对他严格要求。但是自从奕铭妈妈和奕铭一个学校以后，奕铭的麻烦就多了。奕铭放学和好朋友搂着脖子正聊得热火朝天一抬头看到了奕铭妈妈，他的同学马上和奕铭分开躲得远远的。奕铭的老师对奕铭的关注程度明显提升，语文老师刚刚汇报完“姐啊，今天奕铭上课听讲不认真啊，有时溜号”；数学老师又来了“姐姐，奕铭今天的作业不工整，回家多看着点啊。”奕铭的妈妈也忙了起来，除了要完成本职工作，还要一天多次的把“谢谢李老师啊！”“谢谢王老师啊！”“这孩子就是不让人省心！”等等挂在嘴边。

放学路上奕铭的妈妈脸色就不大好，到了家里。妈妈开始发作：“奕铭，你过来，今天怎么回事啊？”“我挺好的呀，又怎么了？”奕铭声音很小。“又怎么了，还挺好呢，语文课溜号，数学作业不认真！说说怎么回事吧。”于是一顿批评开始了，家庭气氛非常不好，而这样的事情经常发生。孩子不快乐，成绩开始不断下降，由前三下降到中等生，妈妈的脾气也越来越不好。

没有谁的作业永远那么工整，没有人上课注意力永远集中，尤其是一个处在青春期的孩子，思维活跃好动是孩子的天性，发生在奕铭身上的事都是正常不过的事情。妈妈希望自己的孩子很优秀，老师把奕铭当成自己的孩子，格外关心一些也是好心。冰心老人说过“有了爱，就有了一切”，奕铭得到了更多的爱，但是大人以爱为名束缚住了孩子，孩子得到的关心不是不够而是太多了。孩子的成长有自己的秘密、隐私，有的国家不允许家长看孩子的日记，我国也提出了要保护孩子的隐私，但总是有部分家长经常喜欢看孩子日记，孩子没有了隐私，他的缺点被放在显微镜下，本来不是问题成为了问题，小问题成为了大问题。初中的孩子正处在青春期，他们开始有了独立意识，如果对老师产生敌对情绪，家长的话就更听不进去了。像奕铭一样，每天得到的都是批评，课堂上胆战心惊生怕出现纰漏，回到家里也不敢议论老师生怕妈妈会和老师说，不像以前，回家要把学校发生的事不厌其烦地讲给我们听。

大树底下长不出树来，距离产生美。我接触过一个孩子，在高中毕业报考大学的时候只有一个原则，那就是离家越远越好，专业和学校都是其次的，我问为什么，回答令我意外，孩子只想要离开父母远一点，不想让父母再管自己。真不知道把全部的心血都花在孩子身上的父母，知道孩子报考外省院校的这个原因之后有何感想。作为家长，非常想知道孩子在学校的一举一动，而当孩子出现问题的时候又没有更好的解决办法，不是问题的问题抓住不放。要知道，谁也不能保证不犯错误，尤其是孩子，家长一定要睁大眼睛看孩子的优点，眯起眼睛看孩子的缺点，才能给孩子成长的空间。

奕铭比较幸运，妈妈意识到了出现问题的原因，回家尽量不和孩子讨论学校的事情，奕铭和妈妈在一个学校不到一年的时间，妈妈因工作需要又被调走了，奕铭重新快乐了起来，成绩也不断上升，由中等生逐渐回到了前几名并顺利考上了重点高中。

9. 明天的早饭你来准备

时钟已经过了夜里10点了，孩子才放学。我和妻子一起来接孩子。坐到车上，妻子习惯地问：“今天的作业多吗？”“不多，还有两道题做完就没有了。”孩子平淡的回答。“那挺好，那明天的早饭你来准备吧!”妻子逗孩子。“好的”,孩子回答得很干脆。

孩子已经读高中二年级了,学习还算努力,成绩也还过得去。现在的学生挺苦的,尤其是高中生,作业全部完成都得到半夜了,在我们家一直是把奕铭当大人的,他也很独立,假期的时候经常由他做饭和收拾房间。平时上学期间每天早上6点起床,7点前到学校,晚上10点以后到家,每天16个小时,即使什么都不做也够辛苦的了,何况还要学习呢。现在的教师对学生的要求比家长还要高,曾经听说有一位家长找到学校和老师讲:“你饶了我的孩子吧,他没有你想象的那么优秀,现在这样就很好了,我已经满意了。”这令老师很不理解也很不满意。

到家后,妻子休息了,我拿起没看完的杂志继续翻着,孩子开始他的睡前两道题。20分钟后,孩子从卧室出来,挽起袖口走进厨房开始准备明天的早饭了。我笑了:“不用你了,如果没有任务了就早点睡吧,明天的早饭还是爸爸来做吧。”孩子笑着回去了,我也觉得很有意思,不自觉地笑了。

我们一直把奕铭当成大人对待,是他应该做的就是让他去做,他是家庭中重要的一员,如果他和妈妈一起在家的时候,一定是他在睡前检查门窗是否关好。小学的时候煮方便面、蛋炒饭都能做,自己照顾好自己是应该的,照顾好妈妈更是理所当然。等到上了中学,自己收拾屋子,自然也就不会像有的孩子那样弄得衣物到处都是,他珍惜自己的劳动成果,自然也珍惜别人的劳动成果,他懂得父母的不容易。教育从来都不只局限在课堂学习,家庭生活中的各种锻炼机会能带给孩子的更多。看似无意义的家务劳动能让孩子更加独立、自信、快乐,这是他们一生的财富。孩子在家务中,慢慢体会到了自己作为家庭小主人的身份,也提升了自己的责任与担当。自己在收纳整理过程中锻炼了分类和归纳能力,在劳动中学会统筹安排时间。有的家长担心家务劳动浪费孩子的学习时间，实际上适当的家务是一种积极的休息方式，经过家务劳动锻炼的孩子的学习效率会更高。

我们不能只盯着眼前的分数，生活还有诗和远方。我们当年上学的时候要求学生德智体全面发展，如今对孩子的要求是德智体美劳全面发展，当代孩子最缺少的是劳动教育，有了劳动教育可以让我们的孩子走得更远。会做家务的孩子，参加工作后也会具有条理性。不能认为孩子太小不能做，总是要开始的，越早越好，就不会出现有的孩子上了大学以后还把脏衣服邮寄回家给妈妈清洗。不要把洗衣做饭看成是孩子的负担，如果孩子会做、能做的，那就不是负担，一块砖是手推车的障碍但不是汽车的，当我们能力强了以后，困难就小了。会做家务的孩子懂得爱父母，能够体会到父母的辛苦；能做家务的孩子懂得珍惜；做家务的孩子能负起该负的责任。一旦走出家庭，走向社会，孩子通过家庭劳动获得的这些技能和作风，就会在集体生活中表现出来，将会受到大家的欢迎。

劳动是幸福的，为他人服务是快乐的。

10. 不要太懂事

在孩子小时候，父母和长辈夸孩子经常用到的词是“懂事”，“懂事”是好孩子的标配。懂事的孩子听话，父母怎么说孩子怎么做，小大人的样子。听话的孩子成长中少走一些弯路，也便于家长和老师的管理，这样的孩子家长放心。不懂事不听话的孩子喜欢自己去尝试，明明大人不让干的事偏去干。小时候我家住在松花江边，每到夏季父母们千叮咛万嘱咐不要去大江里游泳，但每年都有不听话的孩子被江水吞噬了生命。

任何事情都具有两面性，不懂事的孩子具有开创精神。随着年龄的增长会对成人的观点产生怀疑，当有了自己的想法之后，他们会试图去证明自己的想法正确，这是推动人类社会进步的动力。如果我们只是按照前人的模式去做，可能我们现在还在原始社会。但孩子太懂事了也未见得就是好事，懂事的孩子喜欢揣摩大人的心思，为了大人的开心而压抑自己。孩子的心智不成熟，无法了解成人的世界。前几天新闻报道一个孩子离家出走了，出走的原因只是因为学习成绩下降了，感觉对不起家长的辛苦付出。这样的孩子我们不能说他不懂事，而是太懂事了。家长只关注到孩子的成绩而忽视了孩子的心理健康，人生中比成绩重要的事情还有很多，这样的孩子将来如果遇到挫折和困难又会怎样呢？在记者连线孩子爸爸的时候，爸爸在电话的另一端大哭，整个家庭崩溃了。孩子就是孩子，应该天真快乐，不要想那么多，不要那么敏感。孩子的世界是故事的世界，大人的世界才是事故的世界，在孩子的世界里一切都是理想化的，一定是“善有善报，恶有恶报”“付出一定有收获”，成年人随着年纪的增加经历的事情越多，越是“战战兢兢，如履薄冰，如临深渊”。早开的花吸引眼球，晚开的花更鲜艳。东北的四季是分明的，不同季节有不同的美景，春天就要有春天的样子，酷热的是夏天，收获的是秋天，赏冰玩雪的时节是冬天。

孩子心灵是脆弱的，尤其是懂事的孩子。孩子需要倾诉，需要情绪的宣泄，父母要给孩子一个出气和倾诉的地方，允许孩子撒娇，家庭教育中父母要让孩子感到安全。孩子犯错是在所难免的，不犯错的孩子是不存在的，在教育孩子的过程中，父母要一个红脸一个白脸，孩子如果有个虎爸就要配个猫妈，有虎妈就要配个猫爸，而不能是两个成年人合伙来欺负一个孩子。打一巴掌给颗甜枣，要搂在怀里打，决不能让孩子问题成为两口子战争的导火索，两个人互相指责、互相抱怨会让孩子无所适从。

有研究表明，成年人出现很多心理问题的原因出在原生态家庭，尤其是一个人的恋爱观、婚姻观。家长是孩子的榜样，我们希望孩子将来过什么样生活我们家长首先就要做出样子来。真正的爱是给孩子以成长的空间和时间，不能以爱为名残害孩子，就像旧社会给自己的女儿裹脚一样，残害着孩子却不自知。孩子就要有孩子的样子，孩子的样子是最好的样子，不要让孩子学习成年人。成年人反而要多学学孩子，返璞归真做一个善良的人。难怪老子在《道德经》中说老人应该："复归于婴孩"，无论是孩子还是成年人每天都应该快快乐乐的。

11.不是聪明而是用心

大人夸小孩子一般都比较喜欢用"聪明"这个词，很多家长也比较喜欢听人家说自己的孩子聪明。聪明就是不笨，谁也不希望自己的孩子笨。在故事中人们喜欢善良聪明的阿凡提，讨厌贪婪愚蠢的巴依老爷。孩子考试考了满分，可以表扬聪明，没有满分，是前几名也可以表扬聪明，甚至孩子的一个很平常的举动也能换来某些大人的表扬——聪明。

聪明应该是智商高吧，天赋禀异的人有但不多，大家都是普通人，绝大多数孩子都是普通的孩子。在我小的时候也有人说我聪明，于是我当年在上课的时候故意装作不屑一顾的样子，似乎不怎么听课，为了保住"聪明"这个称号，回到家里却要下番苦工夫的，这都是为了得到大人的表扬，满足自己的虚荣心。课本要求背诵的课文，我基本是提前背了，等到学这篇的时候，老师要求背诵时虽然只给了几分钟，我就举手要求背诵，以显示我记忆力好是聪明的，只有我自己知道，我并不聪明，记忆力也不好，我只是花的功夫更多。

朋友到家里来，奕铭正在搭积木，孩子的想象力有时真的让大人佩服，没有图纸，却能把他心中的房子弄得有模有样。朋友说："这孩子真聪明！"孩子很高兴。上学以后，奕铭得到表扬聪明的机会就更多了。

当有人说奕铭聪明的时候，我总是看似无意地说一句："奕铭聪明倒不见得，但他做事认真，他喜欢用心做事。"我当然希望孩子聪明，但我绝不希望孩子耍小聪明。我希望他知道完成一项任务不是因为聪明而是因为付出了劳动，成绩的取得不是因为聪明而是因为付出了时间和汗水。成功的法则是时间加汗水，做事要集中精力做，心无旁骛地做好一件事情靠的不是聪明，而是认定一件事情之后的坚持，直到成功。

我们都知道爱迪生，他有那么多的发明，大家都认定他是天才。他说，"天才就是百分之九十九的汗水加百分之一的灵感"。八岁的时候奕铭和几个小伙伴一起学习游泳，由于他去的比较晚，游得比较慢，经过一段时间的刻苦训练以后他成了游得最好的一个。小孩子都有好胜心，为了一次演讲，他要重复背稿子，为了得到老师的表扬就要多做几道题，认真检查修改，因为他知道付出才会有回报。他不认为自己是聪明的，他知道要想取得成绩没有捷径，必须付出汗水和持之以恒的努力。

有时我们看到的聪明充其量是小聪明，小聪明会耽误很多事，自以为聪明的人往往不愿意下苦功夫，勤能补拙是良训，一分辛苦一份才。我要纠正一个观点，真正的聪明是水滴石穿，靠的是韧劲，是坚持。老子在《道德经》中说："天下大事必作于细，天下难事必作于易。"我想到了苏轼的一首诗："人皆养子望聪明，我被聪明误一生，惟愿孩儿愚且鲁，无灾无难到公卿。"

12. 闭嘴

家有考生的家长都知道中考和高考不仅仅是考学生也是在考老师和家长，有的家长比孩子还要紧张，家长除了工作几乎所有的心思都在孩子身上，到处打听哪家的辅导老师比较好，谁家的孩子学到了几点钟；常常因为考试名次上来了欢欣鼓舞，一旦名次下降了，家长比孩子还垂头丧气。

奕铭高三时，只要我有时间晚上一定会开车去接他回家，一方面可以节省时间，另一方面也可以在路上聊聊天，放松心情让孩子缓解一下疲劳。我也想通过和孩子的聊天，掌握他的学习和思想情况，利用自己的经验帮助孩子。奕铭的妈妈在家待不住，也坚持跟我一起去接孩子。在学校坐了一天终于放学了，奕铭常常比较兴奋，把在学校遇到的有趣事说给我们听，多是同学之间打打闹闹之类的。奕铭很高兴，但妈妈不高兴了，“中午不休息一会儿就算了，都高三了，哪来的时间还和同学胡闹？”于是奕铭不再说话。有时孩子状态不好感觉累，不愿意多说话，上车后只有一句：“今天回家我不学习了，我要早点睡觉。”妈妈马上要问：“为什么累啊，中午没休息吗？”但奕铭又不愿意多说，只是告诉我们没有什么就是困了想早点睡觉而已。考试一个接着一个，虽然只是练兵，但每一次公布成绩之前家长仍然会紧张，希望孩子成绩大幅度上升，而实际情况往往和家长预期不一样。奕铭的妈妈会更加恼火：“怎么搞的，这孩子是怎么了？越来越不像话了。”

奕铭妈妈的教育原则是一定要早发现问题，早发现才能早解决，优点我们就要及时强化，不足马上弥补。我的原则是要么不说，说就要起作用，如果已经知道不起作用了，那还不如不说。我发现奕铭妈妈陪我接孩子，两个人经常都不高兴，于是我和奕铭妈妈说：“这样吧，给你个任务，保证孩子的学习成绩能上来，你也不用那么焦虑了，你能照做吗？”一听我说能让孩子的成绩上来，妈妈马上说：“你说吧，看我该做点什么？”我说：“你别生气啊，从今天开始你尽量少说话或者不说话，也就是闭嘴就可以了。”“以为我愿意管呢，好吧，从今以后我再也不管了。”她说到做到，晚上不再和我去接奕铭。每天奕铭要学习到夜里十一点半，在奕铭复习功课时我读书。妈妈早早睡觉了，早上起来给我们准备好孩子喜欢吃的早餐，等到我和奕铭起床时，早餐已经做好放在餐桌上了，吃完后我送奕铭去上学。这样，我们都休息得比较好，晚上家里不再吵架，孩子也很快乐，开始早上主动找妈妈说点什么。

我始终认为高中生已经成年了，已经有了自己的想法，面临高考他们看似不以为然，实际也很忧虑、惶惑和烦恼，谁不希望自己的成绩优秀呢？这时候孩子最需要的是理解和帮助，家长没有必要再施加压力了，尤其是做教育工作的父母，看到了那么多别人家的孩子出人头地，自然对自己的孩子要求更高，因为自我感觉有经验，所谓眼里不容沙子，发现问题就想说，很多时候我们所谓的好心会办坏事，都知道怎样做，孩子愿不愿意听、愿不愿意做是另外一回事。有人说孩子不是你教会的，是他自己学会的，如果他不想学，你是教不会他的。我们想纠正孩子的错误，可是孩子还没有认识到这是错误，给孩子思考的时间吧，很多时候不是我们做得少了而是太多了，我们当年上学的时候，父母很少管我们，我们是自由生长的，虽然有人说时代不同了，但成长只能是自己来，谁也替代不了。欲速则不达，家长的过分关注，使得孩子不愿意和父母交流而把心里话和同学说，因为从父母处得到的更多的是指责和不满，得到的支持很少。作为家长，要学会静下心来等一等再表态，当你认真倾听孩子说话，你才会了解孩子的世界，才会放下自己的评判和孩子感情有亲密连接。做父母该做的，把孩子该做的还给孩子吧！

13. 成绩

孩子的成长中，学习成绩是重要的，并且能起到一俊遮百丑的作用，只要学习好，其他的缺点和不足家长和老师往往都能原谅。如果谁说考试成绩不重要没有人会相信。小考、中考、高考甚至参加工作也要考试，晋升职称还要考试，考试伴随我们的一生。虽然很多人对应试教育提出批判，国家教育部也在不断进行高考制度改革，但考试无疑还是最重要的也是最公平的，目前我们还没有一套比考试更公平的选拔方式。考试就要看成绩，现在很多学校把孩子的考试成绩作为孩子的隐私，不允许公开，但等到高考结束我们报志愿的时候不但要知道自己的成绩，还要知道自己的成绩在全省的排名。

很难想象平时成绩不好的孩子能在高考中超常发挥，没有平时的日积月累就没有最后的好成绩。所有的家长都明白这个道理，于是从小学甚至幼儿园开始就关注孩子的成绩。一句“不能输在起跑线上”导致有些年轻的准父母，孩子还没出生就已经开始为孩子的教育做规划了。成绩的取得和很多因素有关，例如先天的智商、孩子的努力程度以及学习环境等，有的孩子天资聪明，成功的可能性就大得多，但绝大多数孩子是普通孩子，后天的培养就显得十分重要了。最容易的是选择好的学习环境，于是出现择校热，除了择校有的家长还通过各种关系要找最好的班主任。

但在环境相同的情况下，孩子的努力就会显得很重要。“兴趣是最好的老师”，如果孩子对学习有兴趣，努力程度就高，成绩也会比较好。我们发现成绩好的孩子成绩下降了会很焦虑，反而激励孩子更加珍惜时间，努力学习争取把成绩提升上来，但几次成绩的下滑可能会让孩子对自己产生怀疑，认为自己的智商不够，产生破罐子破摔的想法，进而不再焦虑，习惯了中等或中等以下名次，认为成绩高是别人的事，与自己无关。因此，成绩下滑，一定要尽快帮助孩子找到原因，尤其是初中阶段，初中生正值青春期，孩子的思想波动比较大，抗挫能力弱，出现问题的可能性也最大。进入高中以后，孩子的世界观已经逐渐形成，对自我有了较清晰的认识，但家长也不能掉以轻心。我同事刘老师的女儿在初中有一次考试成绩下降，他给孩子写了一封信《祝贺你考试失利》，信中帮助孩子分析失利的原因，表达了作为父亲对孩子的信心和关心，接下来的考试中孩子成绩果然上来了，这是一个很好的方式，刘老师也是一个值得学习的家长。

我认为小学阶段，最重要的是帮助孩子养成良好的学习习惯，掌握适合自己的学习方法，让孩子对学习有浓厚的兴趣，具备这三点对于将来的学习非常重要。初中有中考升学压力，如果基础不牢，不能进入重点高中，普通高中的师资力量、学习环境、学习伙伴等都与重点高中有一定的差距，所以家长必须要关注孩子的学习成绩了。小学毕业升入初中开始，我把奕铭每次考试成绩及班级名次记录下来，他的成绩基本在班级中上等徘徊，而且基本规律是开学初的成绩往往稍差一些，这是因为他的同学在假期上了辅导班，而奕铭利用假期读了一些书，等到期末考试他的成绩基本就上来了。高中时他的每次成绩我也都记录下来并进行分析，以便帮助孩子查缺补漏，及时发现问题解决问题，以更积极的态度迎接下一次考试。遇到成绩下滑或是比较大型的模拟考试前我给他看看分析图，告诉他，根据我的分析，越是重要的考试他的成绩越好，就像他的名字一样，“不鸣则已，一鸣惊人”。当孩子满怀信心参加考试的时候，确实会发挥的更好，当他考前感觉不踏实的时候，也愿意和我聊一聊。我认为考试前一天晚上多做几道题和好好聊天睡个好觉一样很重要。

告诉孩子要好好学习，更要告诉孩子怎样学习，对于孩子的成长不需要过度担心，过度的担心是恶意的诅咒，给孩子信心和关心，信心是无形的保佑，关心是有形的保护。

14. 高考

很多事情过去以后都不是事儿了，可是在事情没有发生之前或正在发生的时候，完全和过后的感觉不一样。奕铭的高考已经结束了七年了，现如今告诉正在等着分数或是报志愿的家长要放松心态，可是我自己当年做到了吗？下面是我2013年7月写的一篇日记小文，希望不会引起大家的笑话。

高考已经结束20多天了，连中考也结束了。可是每每想起来却也总是平静不下来，心中总是惴惴地。孩子去山东已经四天了，不知道他的感觉怎样，刚到的第二天就要回来，经过我的劝说，他留在了山东，而我却感觉不舒服，我知道，如果他回来了，我也会不舒服，我说不清楚。

跟朋友聊天聊到关于孩子的教育问题，大家认为我的思路很清晰，但到关系到自己的事就不是那么回事儿了。其实一个人的很多话就是说说而已，自己都不能当真的，但孩子长大了是真的。

高考的那两天，我不愿意去想高考，怕我的心神不宁影响到孩子的发挥，因为有人说父子是连心的。我甚至利用孩子高考的机会干脆给自己放了两天假。好在高考结束的时候，他说发挥得还不错，但我心里想：能不能再好一些呢？十四天以后发布成绩，越到成绩公布的日子，感觉也越紧张。22日凌晨公布分数，前一天的晚上我梦到了他的成绩是626，早上醒来我没敢和他们说。21日晚上，孩子一直守在电脑前，为了查分数、报志愿，我提前买了台新电脑。我在卧室迷迷糊糊地快睡着了，我听着孩子在书房说："成绩好像出来了。"我从床上爬下来。来到电脑旁，直接接过鼠标，开始点击。看到了奕铭的成绩是593分。失落？茫然？兴奋？好像都不是。我躺在床上的时候在想，如果得到他估计的620—640分，那将是他高中的最好成绩，我想象着出去放鞭炮了。但成绩已经出来了，就要接受这个事实，无论好和不好，何况好和不好都是自己的想法，有的人得400分兴奋得要命，而有的人得到600分还很懊恼，只是自己对自己的期望值不同而已。知道自己的成绩就会开始关心别人的了，有些同学的电脑上不去，孩子就替他们查成绩，同学们陆续都知道了自己的成绩，感觉特别好的没几个，孩子去睡觉了。剩下我们两个大人坐在电脑旁开始研究和讨论起来，这时的电话开始响起来，家有考生的父母都没睡觉，相互开始打听起成绩来。

小睡了一会就天亮了，我要去工作了，可电话和短信不断地打进我的手机。我告诉这些关心我们的朋友和亲人孩子的成绩。通过昨天的分析，这个成绩就是孩子的正常成绩，下一步是要把志愿报好。

如今志愿也报完了，等着录取结果是现在唯一能做的一件事了。狠狠心，让孩子自己去济南了，路上要22个小时，看得出，他不是十分情愿，但总在家也不是个事啊，读万卷书还要行万里路啊！虽然感觉有些残酷还是让他去了。

（2013年7月1日）

第八章 家庭传承

我的父母、岳父岳母都是农村人，我们夫妻也都是从小在农村长大，二十岁之前我连火车都没有见过。父母省吃俭用供我们上学，使我们离开了农村进入城市生活。奕铭小时候家里虽然也不富裕，但他的生活环境和我们小时候已经是天壤之别了。我经常和奕铭讲："爸爸妈妈是农村人，是农民的儿女，而你是城市中长大，是教师的孩子，一代要比一代强。"个人的努力在改变个人命运的同时，也改变着家庭的命运，几代人的共同努力改变着家族的命运和祖国的命运。我要感谢我的母亲，是她的坚持让我把学业完成，让我有能力帮助更多的人。如今我们的下一代都在读书，他们未来的生活一定会更好。

1.子承父业

前几天奕铭问我："爸爸，你是高中生物教师，我现在学生命科学这门专业，将来八成也是做教师，咱们这算不算子承父业？"我回答："不算，你所取得的成绩是你努力的结果，我只是对你有影响而已。"

奕铭小学阶段的学习是在距离我单位很近的第十小学完成的，他放学之后经常到我单位边做作业边等我下班，然后我们一起回家。如果赶上我给学生准备实验，他和我的学生一起配药刷器皿，如果赶上学生实验完成就和大家一起收拾实验台，在大家都不忙时他利用剩余的药品在我或是我的学生指导下把实验重复一遍，一个小学生做高中的实验自然感觉很有趣，有意无意之间他把高中学生该做的实验几乎都做了，而且做得有模有样。当然实验中出现和他人不一样的结果就要研究一下原因，对实验方案进行重新设计。高中生做实验是为了完成学习任务，奕铭是因为好玩儿。在实验过程中他学会了很多，懂得做事情要按照程序来完成，要尊重规则，要遵守时间，时间不够不会出现实验结果，时间过长实验也会失败。失败了收获的是教训，成功了收获的是经验，经验和教训在一个人的生活中同样重要，犯错误不可怕，但同样的错误不能重复犯。“天下大事必作于细，天下难事必作于易”，过程的严谨自然才能得到预期的结果。

家里做鱼的时候我和奕铭一起来清理鱼的内脏和鱼鳞，顺便认识一下鱼的心脏，说明鱼的心脏和我们人的心脏是不一样的。野外游玩裤子被植物叶子色素染成了绿色，我们一起用酒精来清洗，我告诉他叶片中的色素是能溶于酒精的，洗衣服的时候如果用加酶洗衣粉，必须用温水，因为热水会使酶被破坏的。因为好奇我还指导过奕铭用解剖显微镜观察蜜蜂的足和蝗虫的口器，我们在聊天时也会聊一聊花草树木虫鱼鸟兽，所有这些对童年的奕铭一定有影响。这是教育吗？是教育更是生活，教育离不开生活，我们要培养的是热爱生活的活生生的人而不是只知道书本知识的书呆子。

高考成绩公布之后开始了填报志愿工作，奕铭笑嘻嘻地对我说：“爸爸，你填报志愿方面有经验，我就听你的吧。”然后就要出去，我马上叫住他：“不能走，将来的大学你来上，将来的工作也只能你来做，这些都是我替代不了的，填报志愿必须你自己完成，我可以给你参考意见，但最后的主意必须你来拿。”奕铭的表情逐渐凝重起来，我们一起认真分析了相关学校并对未来进行了预想，最后决定放弃亲友建议去北京读工科，而决定报告专业能力比较强的东北农业大学生命科学院理科基地班，计划用八年时间取得博士学位，立志为生命科学做出贡献。

学习是人的天性是一种本能，和牛吃草的道理是一样的，孩子从出生开始一直没有停止过学习和探索。美国教育家杜威说“教育无目的”，当孩子意识到被教育的时候，教育已经失败了。就像我们摁着“牛头”吃草，一厢情愿地训练“牛嘴”要张开多少度如何吃草，牛也就失去了吃草的乐趣。有人说教育是枯燥的，其实“教育即生活”。生活中的一切都是教育，校园中有“学校无小事，事事是教育”的条幅，家庭中父母的言行同样也是教育，无时无刻不在影响着自己的孩子，孩子的未来不是父母决定的，但父母对孩子的影响会伴随他们一生。

2. 责任感

责任感是一个人人格的重要组成部分，一个有着强烈责任感的人会勇敢地承担起对父母、对他人、对社会的责任，会尽最大努力把应该办的事情办好。而没有责任感的人则会逃避自己的责任和义务，容易随波逐流无所事事。自己的行为就要自己负责。责任感是孩子健全人格的基础，是能力发展的“催化剂”。做父母的能够给予子女的最好礼物应该是培养他们的责任感。父母要让孩子明白，责任反映着一个人的品质，只有敢于负责任的人，将来才会成为一个受人尊敬的人，才会有所作为。责任感应该从小就培养。孩子没有责任感是因为很多时候他们不知道责任是什么，家长需要从小培养孩子的责任感。

奕铭小时候，我的父母还在外地农村，每年到我家来一次看看，我们忙的时候就只剩下奕铭和爷爷奶奶在家，奕铭会给爷爷奶奶倒水、洗水果，或者是把自己喜欢的小食品给拿爷爷奶奶吃，他完全是小主人的姿态招待客人，做得好不好已经不重要了，因为爷爷奶奶不会挑理的，只会为孙子的行为而感动。此时在孩子的意识中他必须替父母招待好爷爷奶奶。当家里来了客人，奕铭可以很有礼貌地问候客人，完全是小大人一个。

不要认为孩子是长不大的，也不要认为生活中的待人接物与孩子无关；从小要让孩子知道他很重要，他是家庭中重要的一员，长久以后孩子会觉得家里的一切都与他有关，家庭的责任感自然产生。教育的机会就在生活的点点滴滴中，错过了就很难再有了。也不必担心孩子做错了，和培养责任感比较起来打坏个杯子算得了什么？当然提前告诉孩子注意安全是必要的，孩子需要的是鼓励而不是指责，多给孩子实践的机会，要允许他们犯错并改正，学会承担责任。要求孩子勇于对自己的言行负责。孩子总会有犯错的时候，不要太过在意，不论孩子有什么样的过失，只要他具备承担责任的能力，就要让他去勇敢地面对，而不能让他逃避和推卸责任。遇到挫折和困难不抱怨，积极寻找解决问题的办法，从自身找原因而不是为推卸责任找理由。父母要帮助孩子从小养成对自己和他人负责任的态度，培养孩子有责任感，面对挫折困难敢于勇敢面对，敢于负责任，这是孩子人生中极为重要的一课，对其成长益处颇多。

孩子是家庭的重要成员不是说说而已，家中有些事情应该让孩子知道，不要说孩子你太小，不懂，用他懂得的语言告诉他，尊重他，允许孩子发表自己的见解，引导孩子独立思考和选择，让孩子知道：我很重要，家里不能缺少我！让孩子感到家庭的美满幸福，知道父母是可以信赖的，但不能过分依赖父母，要自己把自己该做的事情做好，进而增强对家庭的责任感。随着孩子年龄的增长，要逐步放手让孩子自己的事情自己做。例如，自己的卧室自己打扫，自己的文具自己整理，让孩子有机会把事情独立做完。当我们放手让孩子独立做的时候，会发现孩子做得比我们想象得要好很多，当孩子做完一件事以后，我们不能吝惜自己的表扬，把我们的感受告诉孩子；或者和孩子一起做，鼓励孩子做事情要有始有终。必要的家务劳动是每个家庭成员必须要做的，奕铭在家刷碗、择菜都没有奖励；孩子取得了成绩是应该的，也没有奖励；那是你的本职，你就应该做好。让孩子知道如果父母替你劳动了，你是要感激的，这个世界上谁也不欠谁的。我们共同组成了家庭，就要共同的生活，共同的劳动，我们都不是局外人。奕铭上中学时的身高已超过了妈妈，那所承担劳动也要多一些了，外出旅游时爸爸背第一大包，奕铭背第二大包，妈妈拎的是小包，按照能力的大小分配劳动，在家里就要能者多劳，否则你会不好意思。

在家庭教育中父母和大人的言行对孩子的影响非常大，有时我们无意的一句话可能就会对孩子产生正向或负面的影响。当孩子在身边的时候家长的言语一定要慎重，有时父母之间的对话对孩子的教育意义比与孩子直接交流意义更大，孩子在玩耍时仍能够捕捉到父母语言中对他的评价，家长不用直接告诉孩子喜欢什么，不喜欢什么，只管阐述自己的观点，突然有一天你发现孩子说出来的话就是你几天前说过的。

一个没有责任感、没有价值感的孩子，无法找到自己的生命在社会中的地位与价值，孩子责任感的培养从学会招待客人开始，从身边的小事做起。

3. 母亲与我的求学路(日记)

很难想象如果我不读书不考大学，我现在过着怎样的生活。如果我不读书也不可能研究家庭教育，更不会有这本书出现在读者面前。歌中唱道：“没有天哪有地，没有地哪有家，没有家哪有你，没有你哪有我；假如你不曾养育我给我温暖的生活，假如你不曾保护我，我的命运将会是什么？是你抚养我长大，陪我说第一句话，是你给我一个家。”没有我妈妈的付出，就没有我现在的美好生活，也就没有下一代更好的教育。

我妈妈出生于1946年，由于生活的艰辛再加上姥姥、姥爷重男轻女，母亲一直因忙着照顾她的弟弟妹妹而错失了上学的机会。母亲深深知道没有知识对一个人的工作和生活的影响多么大。于是把所有的希望寄托到我们几个孩子身上，希望能尽她所能的让我们多读些书。母亲常挂在嘴边的一句话是：“我就是砸锅卖铁也要让你们读书。”

母亲有我们兄妹五个孩子，当年的农村生活极其艰辛，经常是忙得了锅上又要忙锅下，经常是一天农活下来还要背回一大捆的烧柴。

我们家有一条不成文的规定，无论农活有多忙，只要我们还在写作业，功课没有做完，父母就不会让我们去干活。我从小就很懒惰，为了逃避劳动，竟然做过假装学习为逃避劳动的事，现在想起来真是太不应该了。

为了让我们上学，母亲虽然没有把锅砸了卖铁（主要是也卖不了几个钱），但瘦小的妈妈像个男人一样，几乎做过所有能挣钱的工作。她到工地的施工现场找事做，人家根本就瞧不上她，问道：“你能干什么啊?”她回答：“看完我的活再说!”体重只有七十多斤的母亲把十几块砖搬起来就走，大有拼命三郎的架势。她和男人一样去工作，甚至为了给人家留下好印象而多做。但回到家里就完全累垮了，需要靠止痛药来维持，所以一直到现在，她的药箱中一直放着好多的止痛药，当身体不舒服的时候，就吃两片止痛片。在造纸厂给收购回来的废纸进行分类是按件计费的，为了工作得更快一些，经常忘记了戴手套，结果造成手感染，后来经常复发，母亲用自己的青春和健康换来了我们兄妹几个的成长。

20世纪80年代农村开始实行土地承包责任制，原来生产队里的土地成为自己家的了，农民都希望自己的地能多打些粮食，一些农村的孩子辍学回家帮助父母干农活了。我家的孩子多，吃得多但劳动力不足，我父亲非常希望我能放弃书本跟他一起下地干活，开始他还能好言劝说后来就很不客气了。母亲为了能让我安心读书，没少做父亲工作，同时把家里仅有的一点钱交给我，不让我因为学习的费用而着急。

现在的父亲很快乐，哪里不舒服也愿意和我说。我非常能理解作为农民的父亲当年的心情，也非常感谢他最后的包容和理解。我清楚地记得，有一年的夏天，父亲利用中午休息的时间，去稻田地头割草送到奶牛场换点钱。来回十几里路，全靠肩膀挑，一个夏天竟然压折了三根扁担，当时全家人都在为扁担而惋惜，却忘了问父亲的肩膀是否吃得消。老年的父亲腰总是疼，很可能就是当年过度劳累留下了病根，而父亲当年赚来的钱几乎都被我们几个送到学校了。

去年奕铭考上大学，父母特别高兴，一定要把自己从牙缝中攒下的钱给孩子，我告诉他们："孩子不缺钱，你们还是自己留着吧。"他们非常不高兴，直到孩子把钱收起来，他们才高兴起来，看得出来他们脸上的笑容是发自内心的。

在母亲的强有力支持下，我们兄妹中的三个人通过考学从农村走了出来，父母在他们花甲之年被我们几个孩子接到了城里。如今他们在城里生活十多年了，他们经常去附近的广场学唱一些歌曲，学完歌曲就照着歌曲抄写歌词，端端正正地写在本子上，等着我们这些读过书的儿女去评价，没有上过学的妈妈竟然通过这种方式认识了好多字。我时常感动于母亲对学习的渴望和执着，我常想，如果母亲当年有我们现在的环境，她的成就一定比我们强。但就是这样一位平凡的母亲培养出了五个对社会有用的人。现在我的父母，每天都在祈祷着国泰民安、风调雨顺，也在祈祷着他们的儿女们平安健康。

（2013年7月27日）

4. 母亲与我的求学路（日记）

由于城乡差距的加大，资源分配的不均衡，当时从农村考出一个大学生来很不容易。由于我和妻子都是老师，所以奕铭在受教育中先天占有优势，当然也因为我们是老师对他的要求更严格了一些。奕铭小时候，虽然家里仍然比较困难但和我小时候不可同日而语。我能有今天，我的母亲功不可没，是她克服了难以想象的困难把我们兄弟几个培养成人。妈妈期望我们越来越好，我也期望她的后辈儿孙越来越好。我们兄妹五个人，其中三个靠考学从农村走了出来，其余的两个也随哥哥姐姐进城了。

母亲身材矮小，很瘦弱，年轻的时候身体就不好，在我的记忆中，她经常生病，但她很坚强。我小时候家里经常是吃了上顿没有下顿，尤其是到了六、七月份，家里的米缸就见底了。当我学习了“青黄不接”这个词的时候，我非常深刻的理解这个词的意思。我小时候最不愿意做的事情就是到亲戚家或是邻居家借东西，尤其是借粮食，我家到亲戚或者邻居家借粮一般用盆子，米装好后，把盆子弄平了。等到秋收以后还给人家时，妈妈总要把米装得满满的，盆子上起尖。我问妈妈为什么要这样多还一些，妈妈说：“人家在咱困难的时候帮助了咱们，咱就应该多还一些。”妈妈不识字，但明白事理，从不占人家便宜，还经常告诉我们：“吃亏是福”“再穷也不能没志气”。听妈妈讲故事是我小时候最大的乐趣，虽然有的故事听过多遍了，还是愿意听。我上学以后给妈妈讲学校里的新闻和听来的故事，提高了我的表达能力和复述能力，为我今天做老师打下了基础。

在艰苦环境中长大的孩子总是懂事得早，放学回来，我就要把水缸里的水装满，然后把饭做好去接妈妈，至今我的脑海中还经常出现妈妈扛着一大捆烧柴的画面，妈妈提前几天把大地里的荒草割下来，等到差不多干了的时候背回来用于取暖和做饭。天已经黑下来了，我看到远处一大捆发黄的干草在向前移动，那就是从地头回来的妈妈顺便把烧柴扛了回来。现在地里的茎秆都成了垃圾被点燃了，我经常感到莫名的惋惜，在我小时候连这些烧柴都供应不上。长年的劳作，妈妈手上的血口子一直不好，尤其是冬天忙着干活没注意卫生又感染了。直到现在，母亲的手依旧残留着一些疤痕。

我的两个弟弟是双胞胎，瘦小的妈妈经常是前面抱一个，背后背一个，十分辛苦。到了我们开学的时候，妈妈就要出去给我们借钱了，亲属们也都不富裕，农村很多家庭条件比我家好很多的孩子都不念书了，我的姨妈和舅舅心疼妈妈，劝她别让孩子上学了，可是固执的妈妈一直认为自己的孩子应该读书应该有出息，一直坚持着让我们把书读下去。妈妈说："除非你们自己不愿意念了，否则我一定要让你们把书读下去。"我家原来住的房子是三间的，后来跟人家换成两间，再后来又换成了一间半，中间的差价为我们交了学费和生活费。我们也很争气，在当地的小学、中学的成绩都很优秀。我们也如母亲所愿三个考上了大学，工作后条件好了，我把爸爸妈妈接到了身边，他们也住进了楼房，晚年的妈妈很满足。妈妈年纪越来越大了，记忆力也减退了，经常忘事。我和妹妹每天都到他们身边陪他们聊聊天。如今我也已人到中年，孩子长大了，更加体会到了父母的艰辛。没有孟母就没有孟子，没有妈妈就没有我们的今天。我所能做的就是在我自己平凡的岗位上努力地工作着，诚实做人，认真做事，不让父母担心。

街道边店铺的音响正在唱着"在那懵懂的季节，很多事情我还学不会。是你耐心的牵引我，给我依靠和安慰。寒冬为我盖暖被，夏日为我拭去汗水。付出从不求收回，从那白天忙到深夜。看看天上弯着那半边月，像那母亲的侧影一样美，推动摇篮的那双手也推动了整个世界。看看天上弯着那半边月，像那母亲的侧影一样美，推动摇篮的那双手也推动了整个世界。”我不禁泪流满面了。

（2014年3月11日）

5.师与生

习主席说一个人遇到好老师是人生的幸运，一个学校拥有好老师是学校的光荣，一个民族源源不断涌现出一批又一批好老师则是民族的希望。奕铭是幸运的那一个。

奕铭的小学是在距离我家最近的第十小学完成的，在选择班主任的时候很多家长希望选择一位年纪比较大、经验比较丰富的老师。为了孩子我也不能免俗，但我的要求不一样，我希望奕铭的班主任老师年轻和孩子没有代沟，能和孩子玩到一块儿。于是奕铭被分到了年轻的晓旭老师的班级，晓旭老师也成了孩子的第一位班主任。事实证明，我的选择是正确的，晓旭老师是孩子们的老师，更是孩子们的大姐姐和好朋友，她对孩子的喜欢是发自内心的，孩子们听老师的话是因为佩服老师和怕老师生气。三年级结束的时候陈老师要休产假必须回家，所有的孩子哭得不行不行的，眼睛都哭肿得老高。

接替晓旭老师的是马莉老师，一位充满着活力的老师。她不仅关注成绩，更关注孩子们的成长，她经常鼓励孩子们，给孩子们充分的展示机会，积极开展各种活动，在活动中锻炼孩子，她组织的班会、队会非常成功。印象比较深的一次是学校领导请我们当地教育专家白金生老师给孩子们讲如何读书，马莉老师推荐奕铭上台分享读书心得。奕铭的童年是快乐的，打下了很好的基础进入初中，小学的两位班主任老师功不可没。

奕铭初中三年的班主任是李老师，李老师是数学老师，工作严谨认真，善于观察和思考。李老师发现奕铭和几个男生经常聚在一起，有时自习课也在一起嘀咕，李老师没有急着批评和纠正，而是不动声色地观察他们，发现几个孩子是在讨论问题，解决一些难题。老师就把一些比较难的题直接交给几个孩子来完成并到黑板前给大家讲解，既锻炼了孩子，又激发了孩子的学习积极性，几个男生发展得都很好，都考上了重点大学。

初中毕业奕铭如愿考上了省重点学校——兆麟高中，班主任是吴老师。开学第二天奕铭就告诉我吴老师知识渊博，他很喜欢吴老师。在家长会上吴老师告诉家长们，早上不能批评孩子，孩子心情不好怎么能上好白天的课？晚上也不能批评孩子，孩子休息不好必然影响第二天的学习。家长都关心孩子的成绩，喜欢对孩子指手画脚，而孩子在家的时间只有早晨和晚上，早晚又都不能批评。后来我理解了高中生在很多父母的眼里还是孩子，还有很多的缺点和不足，但已经有了自己的独立意识，家长的高压政策已经不起多少作用了，孩子的习惯已经养成，世界观已经逐渐形成，不能像小时候一样去管理了，这个阶段需要的是沟通。我知道了即使我是多年有着丰富教学经验的老教师，在我儿子的心目中我也只是爸爸而不是老师，在家里做好爸爸该干的事儿就可以了，不能做老师的事儿。我们需要做好后勤保障工作，其他的交给老师就好了。放假前，有的文化学校找老师介绍学生，吴老师站在学生和家长的立场上，不但不接受文化学校的好处而且开诚布公地和学生说明具体情况，学生们感觉到吴老师是一个坦坦荡荡的人。在孩子上学期间我和吴老师接触得比较少，几次家长会都是孩子妈妈去的，而孩子毕业以后我和吴老师却成了朋友。

孩子的心里什么都明白，奕铭高中的老校长郎明义校长，送完这届孩子他就退休了，高考之前的准备会结束后孩子们把郎校长抬了起来。奕铭跟我讲，郎校长虽然快退休了，但每天都会在上课时间四处巡视课堂状况以及学生有没有逃课情况。听完孩子的话我除了佩服还是佩服，难怪兆麟高中这所百年名校越办越好，是一代代的领导和老师兢兢业业干出来的。

上了大学后奕铭有幸成为东北农业大学李老师的研究生。第一次见到李老师是孩子成为李老师学生的三个月后，三个月的时间李老师竟然对孩子的了解比我还要详细，对孩子的性格很了解，还对他未来的发展方向进行详细规划，让孩子有目标、有规则。老师茶几下有个本子，李老师找学生谈话之前要想好此次谈话的内容，用李老师的话说，学生的时间也很宝贵，对给学生提出的要求要进行回访和调查，布置的任务要阶段性检查，她从不伤害学生，采取和孩子商量的口吻说话，让人听着舒服。李老师经常找孩子们去家里吃饭，增进师兄弟之间的感情。她要求学生八点到实验室，自己却每次七点半就准时到了，因此她深受学生的爱戴。如今，奕铭的中小学老师很多都已经成为我们当地的名师，李老师还是我们黑龙江省的政协委员。

人的一生中最重要的人是父母和老师，父母给了我们生命，老师给了我们慧命。“亲其师则信其道”，很多孩子是因为喜欢老师而喜欢老师所教的学科，因为信服老师而学会了如何做人。“经师易得，人师难求”，刻在木板上的名字未必不朽，刻在石头上的名字也未必流芳百世；道德高尚的老师的名字刻在了孩子的心灵上，他们的言行影响孩子的一辈子，孩子一定会记忆终生。

6. 研究生班长

多数孩子的小学、初中、高中都是在父母的身边度过的，即使是农村孩子读高中也有很多父母选择在学校附近租房子陪读，可以说在孩子的求学路上家长的付出并不比孩子少。考上大学之后孩子和家长都放松下来了，孩子逃离了父母的管束有了自己的电脑和手机，自我管理比较差的喜欢打游戏，甚至出现挂科现象，也有极个别孩子把父母给的学费挥霍掉，还有个别学生违反校规校纪被学校劝退，等到父母知道结果的时候为时已晚，欲哭无泪。

奕铭在本科阶段的学习只能用中规中矩来形容，和很多孩子一样，经过高中三年的拼搏，大学没有了父母的约束，对自己的要求不高，整天拿着手机，轻松愉快地过着衣食无忧的大学生活。我曾经和奕铭聊过学习成绩，他告诉我，在他到学校报到的时候认识了一位上一届的学长，学长和他说不用那么用功及格就行了。我一直相信奕铭是可以自己拿主意的，也就没有多说，当然可能说多了也不一定有用，毕竟学习是自己的事情。好在学校的管理比较严格，他的成绩没有拉下。大学三年级结束，学生开始分流，奕铭获得了保送本校读研的机会，而成绩更优秀的同学则被保送去了更知名的学校读研了，这对奕铭是一个刺激。

有一天我俩聊天聊到了曾经给予他建议的学长，他告诉我："别提了，我的学长好多科都要补考，可能毕业都是问题。"一个人的成长过程中有时过来人的话比父母的话更管用，当然说什么是人家的权利，怎么做是你自己的事，成功与否取决于你自己的判断，与他人无关。

保送研究生后，奕铭状态大变样，我明显感觉到他已经长大了——他主动找辅导员申请做班长为同学服务，用他的话说他在学校时间长，对学校和老师情况比较了解，也希望为同学服务的同时锻炼一下自己，他没有当官的瘾，纯粹是为了锻炼自己，自然就比较投入。他忙了起来很少回家，我去学校看他，发现他确实忙，同学的学生证找不到了，校园卡消磁了，学校发的生活补助不到账都找他，他不急不恼一一解答指导或直接出手帮忙解决。

孩子总会长大，《中庸》中说："或生而知之，或学而知之，或困而知之，及其知之，一也。”有的孩子从小就自立，有的随着学习学会了自我管理，有的是在生活和学习中遇到困难，在解决困难的过程中成长起来；有的成熟早些，有的成熟晚些，有的一辈子也长不大。孩子的成长和父母有直接关系，很多家长在孩子上大学之前所有的事情都由父母来做，等到孩子上了大学突然放手，孩子没有准备好，出现问题也就不奇怪了。我想到了我小时候学习骑自行车的经历：先是有人帮忙在后面扶着，自己在车上骑，学习一段时间后，后面的人在前面的人不知情的情况下偷偷放手，跟着车跑，如果感觉骑车的人要摔了就扶一下，几次下来就学会了，突然放手不管是会摔的。孩子的成长也是一样，从小没有经过训练突然放手，孩子还没有学会自我管理，麻烦自然也就来了。

7. 传承

眼睛长在面部的前方，是向前看的。人们普遍关注的是外面的世界，喜欢看别人的优缺点，培根有一句比较短的名言："自知最难"，其实有时候人更需要向内看，了解自己做好自己。

无论是老师还是家长普遍喜欢指出孩子的优缺点，喜欢要求孩子做好每一件事。我们可以给孩子讲很多要好好学习的大道理，但我们自己却不愿意去学习；我们可以告诉孩子读书很重要，但我们自己却不喜欢读书；我们知道玩物丧志不让孩子玩手机打游戏，我们自己却是手机不离手。有人说孩子是我们的未来，如果孩子没出息，我们的后半生不会幸福。从我们自己的经验就可以知道，我的父母在很艰苦的条件下帮助我们完成了学业，他们的晚年生活自然也要好一些。我们希望孩子好其实也是为了自己的将来考虑，虽然很多家长告诉孩子学习是为了自己，其实还真不仅仅是为了自己，也是为了父母，当然也为了国家和社会。

当我们希望我们有个好孩子的时候，不知道是否想过孩子也希望有个好爸爸好妈妈。小鸡出蛋壳就找妈妈，如果是母鸡把鸭蛋孵出来的，小鸭子也跟着鸡妈妈，这是生物学中的印随现象，我们的孩子从出生就开始了学习过程，最早的老师是父母，父母对孩子的影响是终生的也是最重要的。"三岁看大，七岁看老"，家庭教育远远大于学校教育和社会教育，家长的一言一行无时无刻不在影响着孩子。"身教胜于言教""其身正，不令而行，其身不正，虽令不从"，做个好家长很重要。前面说过孩子是家长的未来，是民族的未来，家长则是孩子的未来，看看家长现在的状态大概可以知道孩子将来会怎样，家长很有必要作出表率来。我们兄妹几个很感激我的妈妈，虽然妈妈不识字但对知识极其尊重，对有文化的人也很是敬重，没有妈妈的坚持就没有我们的今天。一个人的成功不是一朝一夕的，需要努力的绝对不仅仅只是孩子，还有家长也应该努力。

一个孩子的成功需要家长老师的共同培养和努力，在我读书时农村改革刚刚开始，挂在人们嘴边的话是“万般皆上品唯有读书低”“做导弹的不如卖茶蛋的”，大家都忙着赚钱，有些直接辍学去赚钱去了，大家对学习都不重视。如今国家和社会对教育越来越重视，卖茶蛋的根本无法和做导弹的相提并论，如今的教育需要家长付出更多。无法想象父母在客厅里打麻将告诉孩子要好好学习，孩子能安下心来。如今的父母对子女的教育重视程度越来越高，对子女的要求也越来越高，家庭支出中教育支出的比例越来越高，各种兴趣班、补习班把孩子忙得焦头烂额疲于应付，但却忽略了父母自身的成长。夫妻和谐能给孩子一个良好的成长环境，让孩子更安心学习，父母需要多读书，了解有关孩子的心理和生理成长规律，伴随孩子的成长家长也要成长。

我参加工作以后，力所能及地帮助弟弟妹妹们，他们也都成长起来，当我的生活条件逐步改善以后，我把父母接到身边。假期我回到老家看望我的小学老师，我在上小学前没有上过幼儿园和学前班，是我小学班主任姚兰春老师把着我的手教会我写字。那时候我们家里孩子多得连几块钱的学费都交不上，是姚老师无微不至的关心，帮助我渡过难关；更重要的是姚老师一点都不嫌弃我，一直认为我能出息，这给了我极大的信心。正是在小学的时候姚老师对我的影响，在我高考结束报考志愿时填写了师范学院，现在也成为一名人民教师。在老师家里我向老师表达了我的感谢，真正的“我长大后就成了你”。

如今的奕铭无论是亲属还是老师都认为他孝顺懂事。在我们成长过程中遇到很多人和事，很多事情都是无关紧要的，我们已经忘记了，但有些人和事影响了我们的一生。

8. 感动（日记）

时钟指向了21：30，我穿好衣服走出了家门，开车去接孩子了。孩子是21：50放学，我必须提前到学校门前，自从奕铭上高中以后天天如此。

学校的铃声准时响起来，学生们陆陆续续从学校走出来，打着哈欠。现在的学校也不知道是怎的了，早上天不亮就要求学生到校，放学又很晚，不要说学习，就是什么都不干，光是在学校一天待15个小时就够累的了。从反光镜中看到了孩子，他还很轻松，和同学不知在聊着什么，很高兴的样子，看到我们后明显地加快了脚步，打开车门，伴随一声“嘭——”，他上车了。

刚关好车门，我已经把车启动了，即使能早到家半分钟也是我愿意的。每天我总是习惯性地问一下，今天怎样啊？——挺好。今天晚上吃饭了吗？吃的是什么？他回答的是什么其实我根本也记不住。今天还没等我问，他先说话了：“我给你买了瓶饮料。”“为什么？”我十分简单地回答并发问。“你不是感冒了吗。”他轻轻地说。

孩子读高中了，他的手里一直有些零花钱的，记得孩子的姥姥过生日，他利用中午休息时间给姥姥订了蛋糕，头一天订下来，第二天打车送去，来回十几公里，中午饭都没吃上。姥姥很感动，我们也很感动。几天前，孩子的嗓子哑了，告诉我，我说：“你自己买药吧，还有一年半就上大学了，要学会照顾自己，现在入冬了，容易感冒，感冒就多喝水，自己买饮料喝。”其实这样说并不是真的想锻炼孩子，而是我做家长的不够细心，对孩子的照顾不如别人家孩子的家长那么细致，好在孩子也很健康。说完我就忘了，也没给孩子买药。可昨天我自己却感觉很不舒服，无意中说：“我可能感冒了。”没想到，孩子放在了心上，给我买了瓶清热的饮料。

突然感觉到心里暖暖的，我和妻子讲："我被感动了"。妻子说："做父母的是很容易被感动的，我们也应该为我们的父母做点什么。"

我们平时总是以忙为借口，对父母的关心不够，父母的年纪大了，喜欢唠叨，有些观点也不一定正确。自己有时没有耐心顶撞他们，虽然看得出来，只要我们去看他们，即使表现得不好，他们也会因为我们的到来而高兴。有时他们还像我们小时候一样，告诉我加点衣服，或是问我家里的粮食是否充足。我是在农村长大的，小时候总是粮食不够吃，现在已经不存在了，但老人依然很节俭。他们把家里的矿泉水瓶子收集起来，为了卖个高价钱往往走很远的路，开始我是强烈反对的，慢慢也就习惯了。听他们叙述自己的收获时的那份成就感也很让人感动。

"不当家不知柴米贵，不养儿不知父母恩"。我们整天想着怎样教育好孩子，其实孩子也在教育着我们。父母年纪越来越大了，他们害怕孤独，他们需要儿女的陪伴需要我们去分享他们的快乐，也愿意分享我们的快乐。

（2011年11月26日）

9. 爱妈妈

每一个妈妈都经历了十月怀胎，她与孩子血脉相连。妈妈爱孩子，孩子爱妈妈是人的天性。在孩子的成长中，没有比妈妈为孩子付出更多的人。于是有了"乌鸦反哺""小羊跪乳"的故事。小的时候妈妈更容易满足孩子的需求，于是妈妈是最值得爱的人。中国的女人特别不容易，她们在工作中和男人一样的付出，回到家里又要做更多的家务，很多时候孩子的抚育都是妈妈完成的。

小孩子普遍对油炸食品感兴趣，但我们家里很少吃油炸食品。奕铭在上学前班的时候，有一天中午学校食堂炸丸子，奕铭很喜欢吃，剩下两个丸子这小子没舍得扔，用纸包起来装在书包里给妈妈带了回来，虽然丸子油了书包，但孩子心里放着妈妈这件事是值得表扬的，我们不能吝惜自己的表扬。如果因为油了书包劈头盖脸把孩子批评一顿，将很大打击孩子的积极性，估计以后就不会再有了，当然妈妈要帮他的书包刷一刷，但妈妈心里是高兴的，多年以后妈妈还是非常清楚地记得当时的情景。

奕铭高三的时候，妈妈正好在带初中毕业班的班主任，家有考生的都知道在这个阶段全家都很紧张也很忙，何况我家是孩子面临高考，孩子妈妈带着五十多个学生冲刺中考，作为一个负责任的班主任老师，她的工作是没有时间限制的，很多人嫉妒老师的假期，先不说老师的假期要参加培训，比学生放假晚、上班早，最起码其他工作下班了就是自己的私人时间，而老师不是。现在的联系方式越来越简单，老师越来越忙，下班以后仍然要随时回答家长的各种问题，包括思想问题、成绩问题，甚至有时孩子父母闹矛盾也要找老师来诉苦。为了孩子学习方便，我们在学校对面租了一个地下室，在我忙不开的时候他们就在那里休息了，中午奕铭自己在学校附近小食堂吃饭，他每天吃完了要再买回来一份给妈妈，他知道妈妈忙，怕妈妈吃不上饭。

生活在有爱的家庭中，孩子能感受到妈妈的不容易，但不是妈妈整天的唠叨自己有多么不容易，让孩子知道在家里爸爸爱妈妈，妈妈也爱爸爸，爸爸妈妈爱自己。孩子要学会爱，学会爱父母爱老师爱身边的人，也要学会爱自己，而有爱的孩子一定是在有爱的家庭中成长起来的。越来越多的证据表明原生家庭对一个人的成长的重要性。爱的教育不是说出来的，是孩子在成长过程中耳濡目染形成的，父母之间的爱，父母对长辈的爱，以及父母对兄弟姐妹的爱都在影响着孩子，决定着孩子的未来。

第九章　我的感悟

在陪伴孩子成长的过程中我们也在不知不觉中成长，在孩子学习生活中我们遇到一个又一个问题需要去思考去解决。比如家长们在一起聊天时不知不觉就会聊到自己的孩子，家长们自觉建立了家庭教育研究小组，共同探讨家教心得。我想我们可以通过阅读相关书籍了解孩子成长的规律，提前做好思想准备和物质贮备，帮助孩子成长得更好。

1. 饱了还吃吗

平时孩子不在家的时候我们的伙食一般比较简单，只要是吃饱就行了，如果是为了孩子做饭一定是尽心尽力的。周末晚餐我们准备了孩子最喜欢的豆角炖排骨，可是我发现奕铭只吃了一小碗饭就放下了筷子。原来中午孩子和同学出去吃了，现在还不饿，但看到孩子放下筷子不免有些失落。

电视中正在回放陈佩斯和朱世茂的小品《吃面条》，陈佩斯扮演饥饿的农民工，当他看到面条时不自觉地流下口水来，他需要面条，他不等听明白导演朱世茂在跟他说什么，就开始吃面条了。他的眼中只有面条，他有强烈的动机，他渴望面条。第一碗面条让他感觉到了享受，获得了精神上的满足和愉悦。当导演让他吃第二碗面的时候，他的表现很冷淡，这时的面条对于他来说是可有可无的，他已经不需要了，因为他已经吃饱了，他现在更需要的可能是睡觉。为了拍出电影的效果，导演叫他还要吃一碗面条的时候，这时的面条对他来说成了一项任务，他开始排斥和厌烦了，但导演的要求他又必须完成。吃下第三碗面对于他来说是痛苦的，我们因为看到他夸张且痛苦的表情而大笑起来，达到了戏剧效果。最后的面条是硬灌下去的，他没有了快乐和幸福。看完了小品我在想，这个人经常这样吃饭的话，很可能会成为“三高”的患者。

我们饿的时候需要米饭和馒头，渴的时候需要水，我能吃下去喝下去是因为需要。如果我不需要了呢？食堂餐厅有十几道菜，有的菜大家都不喜欢，有的菜少数人喜欢，剩下的菜只能是眼睁睁地看着被倒掉。餐厅的厨师知道我们喜欢什么菜吗？老师知道学生需要什么吗？小时候我不喜欢吃鸡蛋，但妈妈告诉我鸡蛋的营养很高，对我的身体有好处，于是每天早上一个鸡蛋竟然吃成了习惯。小时候我不喜欢学习，在妈妈的严格要求下我终于大学毕业，有了自己的一份工作。我发现我过去不喜欢的现在喜欢了，说明曾经不喜欢的不代表永远不喜欢，所以不要轻易放弃。枯燥而有用的知识，坚持学习一段时间可能会产生兴趣，兴趣是逐渐形成的，习惯是慢慢养成的，我们都需要时间。喜欢的前提是需要，生活中遇到的问题需要知识来解决，成长过程需要不断学习提升自我。食物需要精细加工，不能把食物做得很难吃又强迫孩子去吃。当然当一个人已经吃饱了就不要强迫他再吃了，等一等，过几个小时之后他就会饿的。

虽然奕铭吃得不多，我却吃了三碗饭，我想到了一个奇怪的问题：到底是哪一碗饭让我吃饱的呢？三碗饭中的哪一碗对我最重要呢？我们上完了小学读初中，接下来是高中和大学，即使是大学毕业以后我还要接受各种各样的培训。中年以后我在想：到底哪一阶段的学习是最重要的呢？也许坚持才是最重要的。生活和学习过程中我们经常遇到困难，解决困难的办法就是学习，通过学习获得战胜困难的方法，我们的自主学习是主动和快乐的。当我们背负着各种压力的时候，学习就成了痛苦不堪的事情了。我们也无法从学习中得到成就感和满足感，而得到的更多的感受是挫败和痛苦。因为我们的需要使我们产生了动机，于是便开始积极努力主动获取，当我们是被迫要完成一项工作的时候，我们产生的是消极抵触和不安情绪。吃饭如此，工作和学习都是如此。

2. 不能这么教育

从事教师工作之前必须要通过专门的培训和考试，取得教师资格证才能上岗。参加工作以后，教师在整个职业生涯中，还要不断参加各种培训学习，获得相关业务和教育教学管理相关知识，通过实践不断提升教育专业技能和从教素质。作为教育工作者不能停止学习，学习能力是教师必备能力，随着社会的发展，人们对教育也提出了更高的要求，教师的职业是专业性比较高的职业。在现实生活中，人们普遍对医生的专业性比较认可而对教师的专业性认可度不高。我们很少看到有人对医生指手画脚，但对教育却是人人都有话可说，人人都能对教育品头论足，大有人人都是教育家的趋势。

教育过程中需要进行学生管理，有一段时间，学校借鉴企业的管理方法管理学生，虽有一定的效果但学校管理和企业管理不是一回事，企业管理是为了企业利益的最大化，而学生管理的最终极目标是为了学生的健康成长；学校管理不是为了不让学生犯错误，而是关注个体的全面发展和特长发展，为社会培养人才。

朋友的女儿非常优秀，小学初中一直在当地公认的最好学校、最好班级中，而且她一直保持班级前三名的好成绩，他们夫妻对孩子的要求也很严格，几点起床、几点睡觉、午休多长时间都规定得十分详细。每次我俩见面，他都批评我，他对于我放任孩子的时间管理非常不理解，他经常跟我说的一句话是“没有你这样管孩子的”。因为奕铭在小学和初中的时候不如人家孩子优秀，我也不好说什么，实在也说不出什么来。后来，两个孩子高中进入了同一个班级，等到高二下学期开始，奕铭的成绩逐渐追上来并有超越的趋势，高考成绩也是奕铭高一点。

《论语》中有一段孔子和学生的对话，子路问：“闻斯行诸？”子曰：“有父兄在，如之何其闻斯行之？”冉有问：“闻斯行诸？”子曰：“闻斯行之。”公西华曰：“由也问：‘闻斯行诸？’子曰：‘有父兄在。’求也问：‘闻斯行诸？’子曰：‘闻斯行之。’赤也惑，敢问。”子曰：“求也退，故进之；由也兼人，故退之。”子路和冉有同样问“闻斯行诸”，孔子却作了不同的回答。由于子路性格勇敢好斗，做事有时不免轻率，所以孔子要他在听到一件该做的事时，最好向父兄请教后才去做。而冉有则由于个性谦退，因此孔子要他在听到一件该做的事后立刻去做。孔子以一进一退来教育不同的弟子，便能使他们避免过犹不及的毛病。这是孔子教育思想的精髓——因材施教的一个例子。我虽不能真正理解孔子的因材施教，但我知道教学有法但又教无定法，学习有法也是学无定法。因时因势而不同，讲究的是以道御术“心诚求之，虽不中不远矣”！我们的着眼点是孩子的成长，而不是个人威信的树立。我反对固定模式的教学方式，家长知道吃糖对牙齿不好，但孩子患病没有食欲的时候适当在食物中加糖也未尝不可。因为孔子的

“闻斯行诸”，使我们相信每个孩子不一样，教育管理的方法也不能完全相同。我坚持放养式的管理，孩子自得其乐，我也乐在其中。

孩子的成长需要宽松愉悦的环境，我们希望孩子身体健康、心理健康、灵魂高尚，但我们往往把成人的焦虑转嫁到孩子身上，我们想尽办法教牛吃草，甚至是教小鸡学游泳。教育是点燃、唤醒和引导，让孩子成为最好的自己！学习是一辈子的事，人生是马拉松不是百米冲刺，百米跑需要研究起跑时间和反应速度，而马拉松需要的是耐力、坚持，以及跑步的兴趣、合理的训练以及充沛的体力。教育是农业，在适当的季节播种，该浇水时浇水该施肥时施肥，做我们该做的，有所为有所不为，我们不用整天看着地里的庄稼长没长，只需要静静地等待，在等待这个时间段我们可以去打球去读书，做我们自己喜欢的事情，享受人生的美好。

3.不要说孩子朋友的坏话(日记)

在我们还没有做好充分的准备时，就成了别人的父母；在不知不觉中我们突然发现孩子的肩头和我们一样高了，当我们像以前一样说教时，他开始反驳——孩子长大了。他不再像原来那样，什么话都愿意跟我们说，也不再愿意听我们的唠叨了。他有心里话宁愿和朋友讲也不愿意讲给我们听了。家长的话在他那里产生的是逆反，不知不觉中我们和孩子之间的心灵距离在拉大，不管你愿意不愿意承认，我们和孩子之间都已经有了代沟。

父母开始紧张起来，多么希望他还和原来一样依赖我们，我们怕他和不好的孩子接触过多而学坏，我们开始打听孩子朋友的所作所为，并告诉自己的孩子，他的朋友是个什么样的人以及他父母是做什么的，你把你所知道的一切统统告诉孩子，你还告诉他在这个世界上最爱你的人一定是父母！别人的话一定不可轻信，你把孩子朋友的缺点一一列举出来甚至添油加醋。我们本想把孩子拉过来，却把孩子激怒了，他更加不再愿意和你聊天，甚至你到他的房间他都紧张，你说了十句话都不一定换回他的一句回答。于是你紧张得要命，孩子是怎么了？

孩子长大了，有了自己的判断，他不再完全听从大人的安排了。他需要有自己的空间，不想任何事情都让父母知道，他开始有了自己的秘密，虽然你是他的父母，他是你身上掉下来的肉，是你一点一点把他抚养大的，虽然你认为自己理所当然地应该知道他的一切，但他并不这样认为，很多话他更愿意和朋友说而不愿意和父母讲。回想我们自己在小时候，不也是这样吗？父母和老师由于过分的热心与执着而好心办坏事的时候太多了。不要草木皆兵，孩子毕竟是孩子，他们还不能很理性地处理问题，对世界和人的看法多是感性的。时光一去不复返，我们不能过于相信自己的经验，有时候正是经验束缚了我们的手脚，使我们缺少创新精神和锐气。

少一些说教，尤其是不能说孩子朋友的坏话，他好不容易有个朋友，有个倾诉的对象，却遭到你的排斥，而他并不十分相信你，我们必须知道的事实是朋友会相伴他走很长的路。作为家长的我们应该逐渐把自己淡出来，我们有自己的生活，何必要硬往一起捏呢？过好我们自己的生活，当他需要我们的时候自会来找我们，何必像间谍一样一直监视着他，彼此都很累又是何苦呢？总是担心孩子被朋友带坏了，为什么不能让我们的孩子把朋友带好呢？接纳孩子，更要接纳孩子的朋友。借用老子的话来说就是："圣人处无为之事，行不言之教。"有时真是话说得越多越没劲。

（2010年6月19日）

4. 教育中不能缺失父爱

闲着无聊看电视，电视中在表演一个丈夫藏了私房钱之后被妻子责罚的情景。笑过之后，为小品中的丈夫而悲哀，自己挣的钱却不能自己支配，明显感觉到这个男人在家中的地位是极低的，如果现实生活是如此的话，我不知道这是怎样的家庭，他们的孩子又如何看待自己的父亲，更无法设想小品中的夫妻能够给孩子带来怎样的教育影响。虽然舞台表演中有夸张的成分，但在生活中很多家庭确实是妻子当家说了算，中小学校的教师以女教师居多，孩子周围的女性偏多，在对孩子的影响中女性大于男性。这也就不奇怪为什么有的男孩子娘娘腔，有的女孩子是女汉子了。

学校召开家长会，来开会的除了爷爷奶奶姥姥姥爷外，妈妈来参加的居多。孩子口中除了老师说的就是妈妈说的，在家庭教育中，有的家庭父爱似有却无，妻子把一切都承担过来，孩子接受的是不完整的教育。

母爱是无私的、伟大的；父爱是严肃刚强、博大精深的。父爱同母爱一样伟大，只是父亲表达爱的方式不同而已。父亲从男人的角度，给予孩子坚强、自立、自强、自信、宽容，使孩子能感觉到与母爱不同的爱。父爱如山，是无声的、是深沉的，父爱更为内敛，更为含蓄。有些家庭，妈妈不仅要负责家里各种家务，还承担起陪伴孩子和教育孩子的重任，爸爸只负责赚钱养家，对孩子不管不顾，导致很多孩子从小缺乏父爱。想要养出一个身体健康的孩子很容易，但是想要养出一个人格健全、心理健康的孩子，爸爸在孩子的人生成长过程中一定是不能缺位的。有种说法是，男孩子长期和妈妈以及其他女性人群待在一起，会缺少阳刚之气，缺乏父爱的孩子很难有健全的人格，还有可能会影响到孩子以后的婚恋观。

爸爸如果希望拥有一个人格健全、心理健康、快乐自信的孩子，那么就千万别在孩子的成长过程中“玩消失”，别总把孩子丢给妈妈，要多陪伴孩子，多和孩子交流。要爱孩子，爱不能够放在心底，需要用行动去表达。教育无痕，教育不是说教，和孩子共进晚餐是教育；一家人在一起，妈妈的故事，爸爸的笑话是教育；晚上爸爸安静地坐在书房读书也是教育。在夫妻关系中妈妈所代表的女人是感性的、慈祥的、优雅的，而爸爸所代表的男人是理性和智慧的，有爸爸的陪伴男孩子将来才会成为男子汉，因为爸爸在儿子心目中是顶天立地的、绅士的。孩子在遇到困难时，爸爸的拥抱能给孩子以巨大的信心，爸爸的坚实肩膀可以帮助孩子缓解巨大的压力。男人和朋友高谈阔论也可以和孩子聊天，和孩子下棋的乐趣不一定比和朋友打麻将少。望子成龙、望女成凤是家长的心愿，而陪伴则是最好的教育，我们要伴子成龙伴女成凤。从小和孩子“掰手腕”中体会到孩子力量在增长，让孩子在和爸爸摔跤中体验战胜了父亲的喜悦，让孩子体验成长的快乐。爸爸可以和孩子玩妈妈不能玩的游戏——激流勇进，去蹦极！挑战极限、挑战自我、成长自我。爸爸是力量是权威是榜样，让孩子知道任何时候你回头，爸爸都在身后。

孩子是从前的我们，我们是将来的孩子。孩子是我们生命的延续，善待孩子就是善待自己。在陪伴孩子的过程中体验孩子的成长和自身的成长。父爱如山，爱是给予！“万里长城今犹在，不见当年秦始皇”，有形的财产可以继承，无形的思想、能力可以让我们的孩子走得更高更远！

5.尽力就好

孩子出生以后，多数家庭的生活中心开始以孩子为主了。为了让孩子上一所好学校接受好的教育，于是出现了学区房持续涨价的现象；

父母对孩子寄予了极大的希望，从给孩子起的名字就能够看出来，于是催生了很多靠起名收费的公司。邻居家的孩子名字叫王清华，家长可能希望孩子将来能够考上清华大学。孩子是父母生命的延续，是父母的希望也是祖国的未来，家长希望孩子成龙成凤，出人头地、有所作为是无可厚非的。尤其是中国的家长在孩子上小学之前就开始让孩子学习很多知识，生怕自己的孩子被落下。

等到上学之后，很多父母的期望值开始随着孩子年龄的增长逐渐下降，小学毕业父母的清华梦转变为只要考一所211或985学校就知足了，初中毕业希望孩子考上好点的重点大学就行了，上了高中希望孩子能够考上本科就不错了。随着国家对高等教育的投入加大，考上大学似乎已经不是难事了，但能够考上重点大学的毕竟还是少数。

奕铭上小学时刚满6周岁，小学学习成绩也就是中等，一二年级考试他不大在乎，我们要求也不高。他是70多分、80多分、90多分都有过，有一天他突然问我："爸爸，我得了90多分的时候你说挺好，80多分你还说挺好，70多分了你也说挺好，到底多少分是好呢？"我告诉他："好不好跟分数没有关系，只要我们尽力了就是好，如果没有尽力就是不好。"他"哦"了一声，我不知道他听明白没有。等到小学二年级的期末考试，奕铭第一次考了班级第一。

当了这么多年的老师，我发现有很多孩子在小学阶段出类拔萃，成绩也比较优秀，等到上了中学进入青春期，有了自己的想法之后，开始对学习失去兴趣，成绩不断下滑。父母继续找家教报辅导班，结果是越补越差，父母的期望值随之下降。孩子的智商都差不多，决定孩子能不能走得远的是对学习的兴趣。如今是信息大爆炸的时代，如果没有持续的学习能力必将被社会淘汰，我们需要终身学习，主动学和被动学的效果明显不同。如果一个人能够把做最好的自己作为自己学习和工作的标准，持之以恒一定能够取得很好的成绩。

也许是我对奕铭说的尽力做最好的自己起了作用，他的成绩越来越好，在小学毕业的时候以第十小学全校最高分的成绩进入了初中。人生中很多事情我们是无法改变的，我们只能接受，而有些事是可以改变的，命运把握在自己的手中，我们没有理由放弃自己。李开复老师在《做最好的自己》中写道："有勇气来改变可以改变的事情，有胸怀来接受不可改变的事情，有智慧来分辨两者的不同。"

6. 选择

一艘轮船没有目的地，无论什么方向都是逆风，它只能在大海中打转。因此人生也需要确定目标和方向。在我妈妈很小的时候，我的姥爷去世了，妈妈因为不识字失去了很多就业机会，于是妈妈下定决心一定要让她的孩子们读书，无论当时家里多么困难她从来没有放弃过让我们读书的念头。正是由于她的坚持我们兄妹五个都离开了农村，过上了我们小时候向往的城里人的生活，妈妈也因为她当年的选择，在晚年进城和儿女在一起，过着衣食无忧的生活。我在高考结束报考志愿的时候选择了师范学校，于是当了一名人民教师。

奕铭上小学的时候，学籍管理不像现在这样严格，我们俩又都是教师，他有几个选择的机会，可以就近上学，也可以上我们当时的铁路子弟小学，但最终我们选择了离家最近的第十小学；在选择班主任的时候，大多数家长选择教学经验丰富、年纪比较大的教师，我们为奕铭选择的是年轻的陈晓旭老师，陈老师充满青春活力，孩子度过了快乐的童年。小学毕业的时候奕铭以全市第三十七名的毕业成绩进入了兆麟初中；初中毕业通过中考，奕铭考入了兆麟高中尖子班。由于从小爱读书的缘故，他的文科更好一些，初中的政治、历史、地理基本都是满分，然而这几科中考不考。上了高中在选择文理科的时候，我建议他选择文科，孩子却决定选择理科，把文科当作自己的爱好，我们尊重了孩子的选择。高考填报志愿的时候奕铭有机会去北京高校，也有机会选择多数男生选择的工科专业，但经过慎重考虑，最后选择了“生命科学”，而且是八年的本硕博连读，直接确定了未来的工作方向。

在我们不如意的时候往往会抱怨命运的不公，托马斯·杰弗逊说：我很相信运气，事实上我发现我越努力，我的运气越好。我也曾经看到这样一句话：“决定我生命的主因是我自己。没有命运，只有选择，选择我的念头、语言和行为；没有命运，只有创造，创造生命的喜悦、美好和神奇！命运是一个个选择连接起来的轨迹，命运是不断创造累积起来的总和。”填报志愿的时候有些学生发现心仪的学校和专业分数都比较高，换一个角度看，不是学校和专业的分数高而是我们自己的分太低了，就像我们的五百元钱买不来汽车一样，不是物价贵而是我们准备的不够。

我们一直在选择也在被选择，孩子考上大学了之后会面临工作的选择，不久的将来要选择妻子、选择房子，等等。我们总会发现我们喜欢的东西自己的条件不够，条件够的我们又不太喜欢。有时我们遇到很多好东西却只能选择其中的一个，这就需要我们学会取舍，也就是说给了你选择的机会，你要有会选择的本事。有选择就要有放弃，选择了就有了方向，选择了就坚持下来，很多时候选择的对错就在于当我们回首走过的路时，不后悔自己当初的选择。

7.言传更要身教，做孩子的朋友和知心人——家庭教育点滴体会

不知不觉中孩子已经长大了，两个月前还是小学生——我们心中的小孩；现在却已经以中学生的标准来要求自己了。孩子在老师的教育和指导下不断成长，我们家长是否能够与时俱进使我们的家庭教育与

学校教育合拍呢？颇有些惶惶然。都说望子成龙、望女成凤，而龙凤都是传说中的动物，据说龙还是比较可怕的，历史上只听说过“叶公好龙”的故事，我想没必要非要孩子做一条龙，就做个堂堂正正的人吧！成为能够自食其力、乐观向上、善待自己、关爱他人、孝敬父母、宽容知道感恩，对社会有用的人。

（1）身教胜于言教，家庭是孩子的第一所学校

养子更要教子，身教胜于言教，我们很难想象脾气暴躁、嗜赌成性、整天酒气熏天的家长能够教育出好孩子来。家长要给孩子作出榜样来，潜移默化的影响孩子。由于家长的积极向上、乐观、家庭和睦，孩子才能有一个健康的心态，时刻感受着幸福。良好的学习习惯、认真做事的态度、独立思考的能力、健康的心理等等品质养成不仅仅需要学校教育，也需要家庭教育，它来源于民主的家庭氛围、父母潜移默化的影响。孩子都喜欢看电视，奕铭也一样，有一次他看电视晚了一些，我没有制止他，当我问到他为什么还在看时，他回答我：这是最后一集。第二天他仍然在看电视，我问道：“儿子，今天还是最后一集啊？”他回答我：“今天不是。”第三天，我发现他到点就休息了。我很高兴，我为没有发生冲突就解决了问题而高兴。培养孩子做生活中的有心人，学会积累知识并使用知识。有一件几年以前的事情，在吃饭时，我看到包子的皮很软就自言自语：“这面怎么这么软呢？”儿子小声但很认真地告诉我：“这是用活性酵母发的面。”我很奇怪就问他：“你怎么知道的呢？”他告诉我是从我给他买的《化学故事》中看到的。兴趣是最好的老师，鼓励孩子多玩，不怕累。如我们利用假期练球、游泳、滑冰、读书，不仅能积累知识，锻炼意志品质，还能增进和孩子的感情。

（2）读万卷书能知，行万里路方识

在奕铭八岁的时候，我们带他到北京去玩，登长城、游故宫，我们就住在北京师范大学，到清华、北大感受文化熏陶。在圆明园，我们坐了三个小时听圆明园的历史变迁，爱国主义和民族意识悄悄地根植到他幼小的心灵。回家后找到历史资料来读，学习用历史的眼光看问题。在去年的暑假我和孩子到了大连的地质公园（像迷宫一样），我们遇到了一个问题，我和孩子与大家走散了。怎样能够尽快找到大家呢？经过思考我们俩爬到了高处，于是看到了同伴，我们又重新回到了一起。回来后我想：如果在迷宫走迷路了怎么办呢？那就是爬到高处。因为站得高才能看得远啊！利用休息时间我和孩子一起学《论语》、学奥数，学《论语》使孩子学会做人，学奥数使孩子学会思考，学会遇到困难敢于克服困难，培养孩子不服输的精神。去年他到兆麟初中参加了初中英语竞赛，虽然他当时只有小学六年级，但我鼓励他去锻炼锻炼，成绩并不重要，重要的是锻炼的过程。也正是因为这次英语竞赛，使他喜欢上了这所学校，促使他更加努力学习，而最终他以第十小学第一的成绩考进了兆麟初中。

（3）孩子就是孩子，应该快乐成长

孩子就是孩子，不要苛求，睁大眼睛看孩子的优点，眯起眼睛看孩子的缺点，允许孩子犯错误。教育是很快乐的事情，随时随地都可以进行，家长要善于抓住教育的契机。我经常和他说："爸爸妈妈是农民的孩子，现在是老师，你呢，是老师的孩子，将来做什么呢?"去年在"十一黄金周"的时候我带着孩子和同事一起到动物园去玩，头一天晚上住在全国玉泉青少年活动基地——花果山庄。晚饭后大家表演节目，同去的孩子有二十多人，我鼓励他表演了一个小节目，得到了

大家的好评。开始他很紧张，表演完成后他感觉有些遗憾，没有发挥得更好。我是这样告诉他的："这么多人有比你大的也有比你小的，你能走上舞台，这就是成功，我为你感到骄傲。"其实这是一个多么好的锻炼机会啊。有一年"十一"，我们去二龙山玩，他又表演了节目，而且节目效果很好，这很让我欣慰。

（4）学习成绩不是一切，客观看待孩子的学习成绩

我始终认为：良好的学习习惯和端正的学习态度比成绩更重要。80分和90分不差什么，没有必要小题大做。随着年龄的增长，有些问题必然会解决，家长的过分关注，容易在孩子的心理形成障碍。我们应该使孩子认识到学习是快乐的事情而不是苦差事，喜欢学习而不是讨厌学习。兴趣是最好的老师，培养孩子的学习兴趣。让我们的孩子善于反思和总结经验，学会思考，学会获得知识的方法本身就是知识而且是更重要的知识。认真做事能够把事情做对，用心做事能够把事情做好。学会自立、自强。我们的父母让我们很快乐，我们也应该让我们的孩子拥有快乐的童年。孩子总有一天会长大的，他们的将来一定比我们强。我们现在的教是为了将来的不教，管是为了将来不管。我们的目标应该远大一些，我们的培养是使他们能够自食其力、有责任感；只要他们尽心尽力了，我们就应该满足了。他们应该拥有健康的体魄，良好的精神状态，无论在家里还是在学校能够自尊和自信，全方位的快乐成长。

我们要学会欣赏自己的孩子，告诉孩子：你不可能永远是第一，但你是父母心中最优秀的。做自己能做的、做自己该做的并尽力把它做好这就够了，尽力了就没有遗憾了。学会面对挫折，当孩子出现问题时不要只顾埋怨他，我们也要反思自己的教育行为，寻找解决问题的办法。人的精神生命中最本质的需求就是渴望得到赏识。在这里我

想说，要学会欣赏，要善于发现他们的闪光点，要让他们认识到自己能行，自己是好样的。

一个人的成长离不开家庭教育、学校教育和社会教育的共同影响。家庭教育要和学校教育形成合力，相信学校、相信老师。孩子在学校的时间比在家的时间还要长，如果说家长是孩子的第一任老师，对孩子的身心发育有着不可推卸的责任，而孩子在学校接触的主要是老师，老师的言行对于世界观尚未成型的青少年起着至关重要的作用，近来孩子的变化很大，成长得很好，我要由衷地说一声："老师，您辛苦了！"

转眼孩子由童年到少年了，他们应该拥有快乐生活。人无完人、金无足赤，孩子在成长过程中一定会有错误、有缺点，我希望我的孩子能够接受别人的善意批评，学会包容，做一个目光远大、心胸宽广具有远大抱负的人。

（初中一年级上学期　我的感受）

8. 自己的刀削不了自己的把

经常听到家长说自己的文化程度低没有办法辅导孩子，我要说的是教师家的孩子同样不好管理。在孩子眼中，我们是爸爸和妈妈而不是老师，遇到学习上的问题并不愿意问自己当老师的父母。作为教师有时很痛苦的恰恰是"自己的刀削不了自己的把儿"。"自己的刀削不了自己的把儿"是民间的一句谚语，意思是自己的问题反而需要他人解决，作为教师可以把别人家的孩子教得很优秀，而自己的孩子是否优秀就是另外一回事了。

很多孩子在老师身边表现非常优秀，到了父母身边完全变样了，于是很多家长希望老师对自己的孩子多加管教，当然孩子可以在父母身边撒娇，但在老师身边就不可以。作为教师必须明确教师是你的职业，老师家的孩子也是孩子，并不比别人家的孩子高人一等，也不比别人家的孩子低一头，他是你的孩子而不是你的学生，教育自己的孩子比教育别人家的孩子难度大得多。很多老师在课上讲得兴致勃勃，课下，他们和大多数家长一样，对自己孩子的前程充满忧虑。一个数学老师的孩子，数学成绩非常糟糕，这一点都不奇怪。

我以前有一个学生因为上课玩手机被我叫到办公室，这个女孩子手机很高档，她的父亲是农村教师，妈妈没有工作，而她的手机价格却接近当时一个教师两个月的工资。当我问孩子怎么带这么贵的手机时，她告诉我她家庭条件是允许的，但我知道，孩子的爸爸的手机一定不会那么贵。和普通的父母一样，教师一样希望把最好的给孩子，而孩子在父母的羽翼下，容易产生优越感而变得自私和跋扈。

奕铭在整个读书期间只和妈妈在一个学校不到一年，其余时间都和其他孩子一样，自己的问题自己处理。我教高中生物课，在奕铭读高中的时候，我希望奕铭的生物成绩能够在我的帮助下出类拔萃，每当我问他有没有什么不会的题时，他的回答都是没有。整个高中三年只问过我一次题，我试图把这个题的来龙去脉都说清楚，而我只讲了一半他就说明白了，而拒绝我再讲下去。后来我问他，他说我太啰唆了，因为他已经明白了。

也许很多人会说，你们教师天生对孩子的教育有优越性，我认为更重要的是教师家庭有相对好的学习环境，而不是教给孩子什么。在孩子眼里，你不是老师，你只是爸爸或是妈妈，仅此而已。学科知识的学习需要他自己的老师来完成，所谓易子而教，孩子佩服的是老师而不是家长；当然也有学生佩服我们，因为我们也是教师——是别人家孩子的老师。我们对孩子只是影响而不是决定，就像奕铭并不想当老师一样。

学生问我们题时，我们能够不厌其烦，如果孩子问问题的时候板起脸来，毫不耐烦，没几句好听的话甚至冷言冷语——似乎自己的孩子就应该无所不会。于是很多教师家庭孩子和家长之间，产生了难以逾越的鸿沟。明确定位我们和孩子的关系，该管的管，不该管的不管，更不必纠结“自己的刀削不了自己的把儿”，管他谁来削呢，我们可以请他人帮我们削把，然后我们再去削他人的把。

9. 早恋

我不喜欢“早恋”这个词，从字面理解，早恋是过早的恋爱，有早恋还应该有晚恋，什么时间算早？什么时间算晚？如果说孩子在中学恋爱了叫早恋，那什么时候的恋爱叫晚恋呢？夕阳红吗？

有的家长根本没有明白什么是早恋，就给孩子贴上“早恋”的标签，暗恋单恋都不算早恋，恋爱是两个人的事情，恋爱的双方都有所表白才叫恋爱。西方国家很少用到早恋这个词。在我国，上了大学以后谈恋爱普遍认为正常，只要是在中学，无论是初中还是高中都一律会被贴签为早恋。家长和老师对早恋谈虎色变的原因是中小学生心智不成熟，过早的男女交往会影响孩子的学习，高中生虽然世界观、人生观、道德观正在形成但极易受到影响，加上自我的控制能力差很容易出现问题，交往不当会导致孩子身心疲惫、荒废学业甚至影响其爱情观以及未来的婚姻观。

孩子随着年龄的增长开始分泌性激素，小学的男女生进入初中后逐渐进入青春期，孩子的身体和生理都在发生变化。身体的变化和体内激素的产生有关，激素也调节着我们的神经系统。在激素的作用下，孩子爱慕异性，这是正常现象，“女大十八变，越变越好看”，没有人有权利阻碍人们对美好事物的向往，恋爱不分早晚，一个人心理的成熟和身体的成熟时间有早也有晚，恋爱的时间也有早也有晚，所谓的早恋多在初中开始，在我国的《婚姻法》中已经规定大学生可以结婚，这是法律赋予的权利，如果大学生能结婚，那高中男女生恋爱就是正常的了。恋爱意味着成长，恋爱是美好的，虽然很少有早恋能修成正果，但凡事都有例外，我们身边的同事就有在高中恋爱现在生活很幸福的例子。恋爱没有错，我们不应杜绝恋爱而应先教孩子学会负责任，学会对自己、对他人负责，学会保护自己也要学会保护他人。

虽然我国在不同的年龄阶段的教材中已经有了一些关于性的教育，但还远远不够，越是得不到的越容易让孩子好奇。初中男女生身体出现的变化让孩子好奇，但我们的教育中缺少了爸爸和儿子的私下交流，缺少了妈妈应该和女儿的私下沟通，这样的交流与沟通是很有必要的，但不是恐吓。家长洪水猛兽般地围堵造成孩子恋爱了不敢和家长说，很容易造成不良后果。

有的孩子早恋是因为对学习没有兴趣，这样的孩子即使不去谈恋爱也不会爱学习，因为对学习不感兴趣、感觉学习无聊，家长和老师更重要的工作是激发学习的积极性，不要只告诉孩子不能这样不能那样，还应该告诉孩子应该怎样。还有的孩子出现早恋的原因是缺少爱，我的一个女学生父母离异和爷爷一起生活，她利用中午休息时间，要出去到学校附近的小饭店帮忙挣取午餐和10元钱，当一个出租车司机开始关心和帮助她之后，她便办理了退学手续开始打工挣钱去了。现在由于离婚率的上升以及年轻的父母外出打工，缺少关爱的孩子不在少数，当得到异性的一些关心和关注时很容易开始早恋。

预防大于治疗，早期的教育十分重要，家长和老师提前做好准备，帮助孩子快乐度过青春期，而不是青春期迎头撞上了更年期，家长的过激行为容易导致把叛逆的孩子推出去了，不但解决不了问题还会把简单的问题复杂化。男女生之间交往和我们大人想得不一样，需要的是家长和老师理性对待。合适的时间做合适的事，春天来了我们就要播种，播种要看节气和天气，播种太早或晚都不可以，而到了秋收的季节我们也不能忘了颗粒归仓。

10. 教育需要等待（日记）

淘气的孩子在外面疯了一下午，饥饿让他想到了回家。跑到家里就掀开锅盖，想看看饭熟了没有，他希望饭能早点熟，于是一遍一遍地把锅揭开来看，直到妈妈告诉他可以吃饭了。由于锅盖被频繁揭开，今天的米饭不如昨天的好吃，锅底还出现了厚厚的锅巴。浪费粮食是有罪过的，剩饭和锅巴被加工成了下一顿的粥。于是我想到了小时候学到的《拔苗助长》的故事，农夫为了让自己的庄稼尽快长高不断地把苗拔起来看，结果到了秋天别人收获的时候他只能是两手空空。看来心急吃不到好米饭，心急也收不来好庄稼。

伴随着我国经济实力的增强和科技的进步，我们太需要人才了，我们希望快出人才，早出人才，出好人才。于是我们看到的是不断加码的考试和作业，早上天不亮就要去学校，夜里九十点钟孩子才放学。夜里十一点还没有关灯，是我们的孩子在苦读！于是我们学历都提高了，可一边是大批的大学毕业生找不到工作，一边用人单位却在抱怨没有人才。很多用人单位要的是有能力、有经验的，但却不愿意费力去自己培养。据企业内部人讲，现在的年轻人喜欢频繁跳槽，对企业没有忠心，谁又愿意为别人培养人才呢？在学校教育中我们提倡德智体全面发展，而我们看到的是德育都被智育替代了，工厂和企业里有些工作的技术含量并不高，基本条件是要热爱本职工作。我一直认为作为教师最重要的不是你的学历有多么高——幼儿园教师都要本科了，需要的是你的人品有多好。学生学到的不仅仅是知识更重要的是做人，试想一个连人都做不好的人，知识越多不是越可怕吗？因为他的破坏力也越大啊。

记得小时候看到一个故事：松树和蘑菇比身高，开始是蘑菇长得高，松树长得慢，蘑菇很得意，它不知松树却在扎根，一段时间以后蘑菇就不行了，一阵风吹过来蘑菇倒下了，松树却越长越高。我们看到在刚开始的时候，蘑菇是高的，但松树赢在了终点。记得在《幼儿画报》里有一句话：不能输在起跑线上！而我对这句话一直很怀疑。

教师的工作实在是太重要了！他的言行影响孩子的一生，进而影响一个家庭的命运，甚至影响一个家族的兴衰，所以说教师担负着中华民族复兴的伟大使命一点都不过分。十年树木，百年树人。教育是慢的艺术，教师应该是目光长远的人。很多学校提出了“教学生三年，想学生一生，思国家千秋”的口号，教师的工作决定着国家和民族的未来。现在终于有人提出了教师和家长要能够耐住寂寞，静静地等待花开。这需要我们有静待花开的胆识和智慧。

教师就应该像农夫一样，该浇水时浇水，该施肥时施肥；像厨师一样，把锅里的米和水放合适了，让火合适了。只要时间到了，庄稼会长得很好，我们的收成也能不错，米饭也会香喷喷的。学校需要把考试的频率降下来，家长也没有必要因为一次考得不理想而大惊小怪。只要我们把该做的和能做的尽力做好就够了。让我们共同努力，让孩子有一个快乐的童年，而不是背着书包到处补课；让我们的孩子身心健康快乐成长，而不是只围着分数转的考试奴隶；让我们的孩子能够经受挫折，不再有因为成绩不行就跳楼的悲剧发生。

我看到在体育运动会上，大家都想第一，怕被人落下，于是就跟住最快的一个，但几圈以后不但跟不上，甚至很难坚持下来，中途退赛了。我总是把掌声送给能够坚持到最后的人，虽然他是最后一个，但他坚持下来了。我们为什么不能按照自己的节奏来完成自己的任务呢？如果我们不能冲击第一，就做一个最好的自己。

孩子，别着急，慢慢来。

（2011年11月17日）

11. 家长需要配合老师

父母给了我们生命，让我们继承了祖先的优秀基因；老师则给了我们慧命，中华民族优秀的文化通过我们不断传承下去。尊敬老师就是尊重知识，就是尊重中华民族文明的传统美德。孩子是我们的也是国家和社会的，不是我们的私有财产，需要通过家长、老师的共同培养成为对社会有用的人才。

在我们国家教师必须取得教师资格证才能上岗，作为家长我们要相信教师的专业性，当家长的教育观点和老师不一致时，要学会和老师沟通，家长和老师对孩子的教育要形成合力。我是教师，所以我知道老师也要生活，也要吃喝拉撒，作为教师我们自己可以严格要求自己“捧着一颗心来，不带半根草去”，但作为家长要认识到——老师也是平常人，也可能会犯错，对老师多一分宽容和理解，绝对不能当着孩子的面，发泄对老师的不满，当孩子受到家长的影响不信任老师时，受损失的是我们的孩子。

小学阶段是孩子的行为习惯的养成和学习方法的确立以及学习兴趣培养的重要阶段，这个阶段的孩子崇拜老师，在孩子心里，老师的话比家长的话重要，家长更有必要维护老师在孩子心目中的形象，树立老师在孩子心目中的威信，保持和家长良好的沟通。现在和老师的联系很方便，可以通过微信群等及时沟通，教师也需要成长，也有可能某些做法欠妥当，有些不适合在群中讨论的问题，家长可以通过私信和教师交流。

初中生进入了青春期就开始有所叛逆，我始终认为初中的老师是最不容易的，孩子说大不大说小不小，好的时候可懂事了，可上来混蛋劲头谁说也不好使。这个阶段的孩子不再相信家长和老师的话，更相信自己的判断，当个别老师在利益驱使下，违反师德规定，强制或变相要求学生补课或购买一些不必要的产品时，学生对此是非常反感的，这大大降低了老师在孩子心目中的形象。孩子也会由于不喜欢这个老师而讨厌这个学科，进而造成成绩的下滑。作为教师，必须提高自身师德修养，国家也在增大教育改革的力度；作为家长，在关注孩子的成绩变化的同时，要了解孩子的思想动态，及时化解一些问题，要让孩子知道老师也是凡人，也有个人的喜好，不能用圣人的标准要求老师。家长可以本着解决问题的态度和老师或是学校沟通，有些沟通可以不要让孩子知道，在孩子的性格养成过程中，家长的作用往往大于老师。

高中的孩子普遍长大了，虽然个别孩子成熟比较晚，但大多数孩子可以和老师成为朋友，有些事情让孩子自己处理会更好些。奕铭在高中很快和各科老师成为朋友，他反对家长接触老师，过多的和老师沟通会让孩子感觉我们不信任他，孩子在和老师的沟通中学习成长。孩子和同学发生矛盾在所难免，有时同学间能很好、很快的解决，家长的参与反而使问题复杂化。从我的经验来看，真正了解孩子的是老师而不是我们家长，“不识庐山真面目，只缘身在此山中”，在家长的心目中他仍然是孩子，其实他已经长大了。

大学是一个人的人生转折点，上了大学家长给买手机、电脑，允许谈恋爱，可以自主支配生活费。子女完全成年，已经不是小孩子了，他们不喜欢我们过多干涉他的事情，终于可以自由了，与家长的沟通减少了，电话也越来越少，回家的次数也越来越少，他们有了自己的圈子。奕铭是幸运的，遇到了一批很好的老师，尤其是他读研究生时的导师对他人生的指导和学术的影响非常大，奕铭也很愿意和老师沟通交流，我们从小对奕铭的要求过于严厉，而导师给了他一块自由的天空。

不知道从什么时候开始，他开始哄我们开心，说着你想听的话，你还把他当成孩子，他已经把你当成了老人，我们可能真的老了吧。虽然我们可以不承认自己老了，但起码应当承认，孩子确实已经长大了。

12. 谁来管孩子

不同家庭对孩子的管理方式不同，有些家庭分工比较明确，妈妈管理孩子负责孩子的学习起居，爸爸负责挣钱养家。也有个别家庭是妈妈挣钱养家，爸爸负责孩子的学习和家务。后一种是少数，但在电视剧中却经常看到，周围的朋友很多是前一种家庭模式。最不可取的是把孩子丢给老人，不管不问，或者是父母离异孩子不再有人过问。

生活压力使得年轻的父母必须外出打工，没有精力照顾孩子，由父母帮助带孩子，隔代带孩子虽有不少成功的案例但问题也不少。老人缺乏应有的专业知识，凭着经验教育孩子，老人之前生活在物质匮乏的时代，他们希望孩子白白胖胖，于是他们认为肉食是最好的食物，当孩子不想吃，老人或用零食哄或用语言威胁，可越是强迫，孩子越排斥吃饭，最后造成了营养不良，也有的孩子不知饥饱，长成肥胖儿；还有的孩子养成了边吃饭边吃零食、看电视等坏习惯。老人体寒怕冷，他们总怕孩子冷着，给孩子穿得很多。其实除了生下来偏弱的孩子，一般的孩子都体温比较高，不怕冷。结果孩子一运动，就容易出汗，汗很容易干，干了又很快变凉，孩子一热一冷，反倒更易生病。

对于老人帮助我们带孩子，年轻人要心存感激，要和孩子保持沟通，现在的联系方式如此便捷，只要我们愿意，随时可以和孩子联系，所以我们不能以忙和累为借口。“心思在哪里，时间就在哪里”，很多人说没有时间看父母和孩子，那其实是他们的心思没有在父母和孩子身上。家长千万不要以为把孩子丢给老人，自己就不用管了，坏习惯一旦养成了，你再想改就难了，而且还容易引发家庭矛盾，家庭的不和谐直接影响着孩子的身心健康。孩子是天生的外交家，很善于察言观色。他们会看看爷爷奶奶允许的限度是什么，如果爸爸妈妈比较严格，那他们就转而去找限度更加宽泛的爷爷奶奶，久而久之，爸爸妈妈说话就不管用了。想成为合格的父母，最好能自己带孩子，如果实在没时间，也要跟老人好好商量，告诉他们哪些行为要不得，从小给孩子一个良好的成长环境。

当今社会妈妈带大的孩子比较多，幼儿园的一位老师跟我说孩子是不是由妈妈带大的，一眼就能看得非常清楚。妈妈带孩子会更加讲究孩子的外在形象，会给孩子买比较合身的新衣服，孩子会更加的整洁、干净、漂亮。妈妈带孩子会从小就为孩子的未来着想，不会过分地宠着孩子，如果有什么性格上的问题，会及时地指出来并且进行纠正；妈妈带孩子不会纵容，孩子作息比较有规律，帮助孩子养成吃饭不挑食不乱跑的好习惯；妈妈带大的孩子会经常被鼓励，知道自己总是被爱着，毕竟在孩子的心目中，妈妈是最值得信任的人。因此，由妈妈带大的孩子比较有自信心，敢大胆地提出自己的想法。但如果是全职妈妈带孩子也有问题，她们把全部的精力都用在孩子身上，看了很多育儿书，却没有时间去接触外面的世界，有的甚至为了带孩子和社会脱了节，孩子每天和母亲待在一起，自然和外面的接触很少，孩子长大上学以后，妈妈的生活就没目标了，非要把孩子攥在手里，可孩子是需要过集体生活的，需要和同龄的小孩子在一起玩，需要接触社会。于是孩子离开了妈妈的保护，妈妈感觉很失落，这时变成了妈妈需要孩子而不是孩子需要妈妈。

我和奕铭妈妈都是教师，平时都差不多一样的忙，但等到假期就可以一起休息了，所以对于孩子的教育两个人都在做，虽在不同时期偶有分工但都在管理，也都做家务。孩子就像一株嫩芽，需要父母的呵护，需要雷霆和雨露，需要爱护也需要批评。父母的爱就像孩子的两条腿支撑着孩子走得更远。

13.我的花需要换土了(日记)

闲暇之余我家养了一些花。我突然发现我家的螃蟹爪花开始萎蔫了，它是缺水吗？不会的，我经常给它浇水啊。是我对它照顾的不够吗？不会啊，它是我很喜欢的花，超过了其他的任何一种。

这盆螃蟹爪是一个农村朋友送给我的，开始我并不在意它，都是爱人给它浇水。但在去年冬天的时候，我忙着装修新房子准备搬家，我的螃蟹爪竟然开花了！我不迷信，但在寒冷的冬季，在搬新家前看到一盆鲜艳火红的花确实让我特别的高兴。过完年后的中考，孩子如意地考入重点高中并进入尖子班，我对这盆花更加情有独钟了。

为了节约时间让孩子更好的学习，我在学校附近找了个房子开始陪读的生活，一周的前五天都在学校附近度过，到周末才回到新房子来。但我下班后总是要回来看看我的花，我怕它们干枯，每次回来都不忘给花浇点水。可是这两天花开得越来越不景气，每次回来都发现不精神。周末爱人回来了，看到后惊呼："你怎么把花浇死了？""把花浇死了？花不是很需要水吗？"等把花拔起来一看，根已经开始腐烂了。

花朵需要爱护，也需要水分的滋养，但过多的水却几乎要了它的命。而要它命的人竟然是我这样一个打心眼里喜欢它的人。我在想：如果我不是这样的喜欢它，不去管它，或者像对待其他的花一样，会是怎样的情况呢？其他的花都很健康，因为我不十分喜欢他们，所以水也不勤。是我的爱对它造成了伤害！如果我不去管理它，它要和干旱做斗争，否则它会干枯而死，而我的爱使它开始和洪涝战斗，最终它的根烂掉了。它不能言语，如果它能说话会不会骂我呢？骂我也是应该的，我危及了它的生命！好在我认识到了问题的严重性，开始反省并做出行动，给它换土，重新开始。

今天我又回来看它，它需要自己重新适应新的土壤。我相信给它几天的时间，等它适应了新的环境后一定会焕发出新的生机。我从来没有真正的了解它，只是按照自己的意愿来侍弄它，没有想过它是否喜欢或是否需要。我上网查了一下，螃蟹爪在生长期每半月施肥一次，每月浇一次水就足够了。

我开始重新审视我自己和我所做过的一切，我想到了大树底下长不出大树这句话。是啊，大树为小树遮风挡雨，但小树却失去了抵抗风雨的锻炼机会！我们小心地在温室中种植的花朵，一旦到了室外往往会因为不适应外面环境而很快死亡，我开始重新认识这样几句话：爱他就要了解他，爱他就要对他适当的放手。让他自己去面对一切，这样似乎很残酷，但这确是真正的大爱！过分的爱容易对他造成伤害，爱花如此，爱人也应该是一样的。

（2010年9月27日）

后　记

本书中的文章，有些是在奕铭成长过程中的随笔，有些是最近的反思和回忆。人的一生中一定会经历风雨和彩虹，生活中的一切苦乐顺逆我们都要面对，因为我们根本无法逃避。“飘风不终朝，骤雨不终日”，随着时间的推移，我们所遇到的一切都会成为美好的回忆。然而人生只有一次，孩子的童年也只有一次，教育的机会错过了往往不会有第二次。

家长不是教育专家，我们不可能像周弘教授一样用自己的赏识教育理论把女儿培养成功，周弘教授的著作《赏识教育》，影响和带动了大批的教师和家长学会赏识自己的学生与孩子，使孩子走上成功之路。孩子是我们的，我们要生且养，“养不教，父之过”，作为父亲，在孩子的教育中一定不能缺位。教育很难也很简单，《大学》中说：“心诚求之，虽不中，不远矣。”我们首先要做一个好爸爸、好妈妈，希望我们的孩子成为什么样的人之前，家长首先要做出样子来。我们发现，孩子现在的很多行为就是我们小时候的样子。社会在发展和进步，我们有理由相信，孩子将来一定会比我们强，我们笃信结果，更要为结果付出努力。我们陪着孩子读书，陪着孩子游戏，在陪伴孩子成长过程中我们也在成长，是孩子让我们的人生更加完整，因此我们要感谢我们的孩子。

家长在孩子的成长中应该为孩子的成长提供动力和推动力，由于我们的思想境界和水平不高，可能会不自觉地成了孩子前进的阻力而不自知。孩子小时候是我们的，长大以后就是国家和社会的，从某种意义上说，家长的使命和教师是一样的，通过教育孩子成才，为我们的国家和民族做出贡献。当我们的孩子长大了，他会离开我们组成新的小家，如果我们不是生活在一起，我们会成为孩子客客气气的亲人。

孩子是上天派来的天使，帮助我们成长，让我们的生命更加完整，让我们懂得为人父母的不容易，让我们更加爱我们的父母。孩子也是我们的镜子，让我们认识到自己的不完美，不断地修正着自己，让我们认识到学习的重要性，不断地充实自己。孩子小的时候我们引领着孩子成长，孩子长大了他们在推动着我们不断进步。

完成书稿时正值冠状病毒肆虐之时，武汉封城了，所有的学校都不允许开学，奕铭无法返回学校，我们响应国家号召，只能闷在家里，除了两天一次的外出买菜，做家务成了我们共同做的事了。和成年以后的孩子生活在一起两个月，我们需要重新认识自己的孩子，我们可以听孩子讲他的故事，品尝孩子做的晚餐。中小学延期开学，省教育厅要求中小学教师在家办公，进行线上教学，我们要重新学习网络知识，为线上教学做准备。年轻人的学习能力远远超过了我们，在学习中遇到的各种各样的问题，孩子不厌其烦地讲给我们听，他的耐心绝对超出了当年我们对待他的耐心。我们有了更多的交流，奕铭鼓励我把书稿投出去，完成自己的梦想。

不觉中孩子就长大了，我们感慨时间都去哪儿了的同时，更要珍惜和孩子在一起的每一天，总有一天，孩子会带着家族的使命离开我们去独闯天涯，家长内心中更多了些骄傲和牵挂。希望我们的孩子都能学有所成、不负韶华。

（2020年3月4日）